AF558473

HAMBURG VINYL

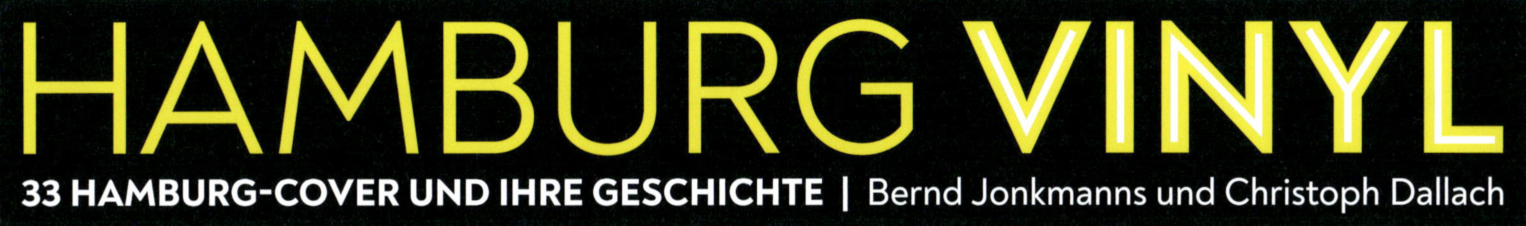
HAMBURG VINYL
33 HAMBURG-COVER UND IHRE GESCHICHTE | Bernd Jonkmanns und Christoph Dallach

33 HAMBURG-COVER
UND IHRE LOCATIONS

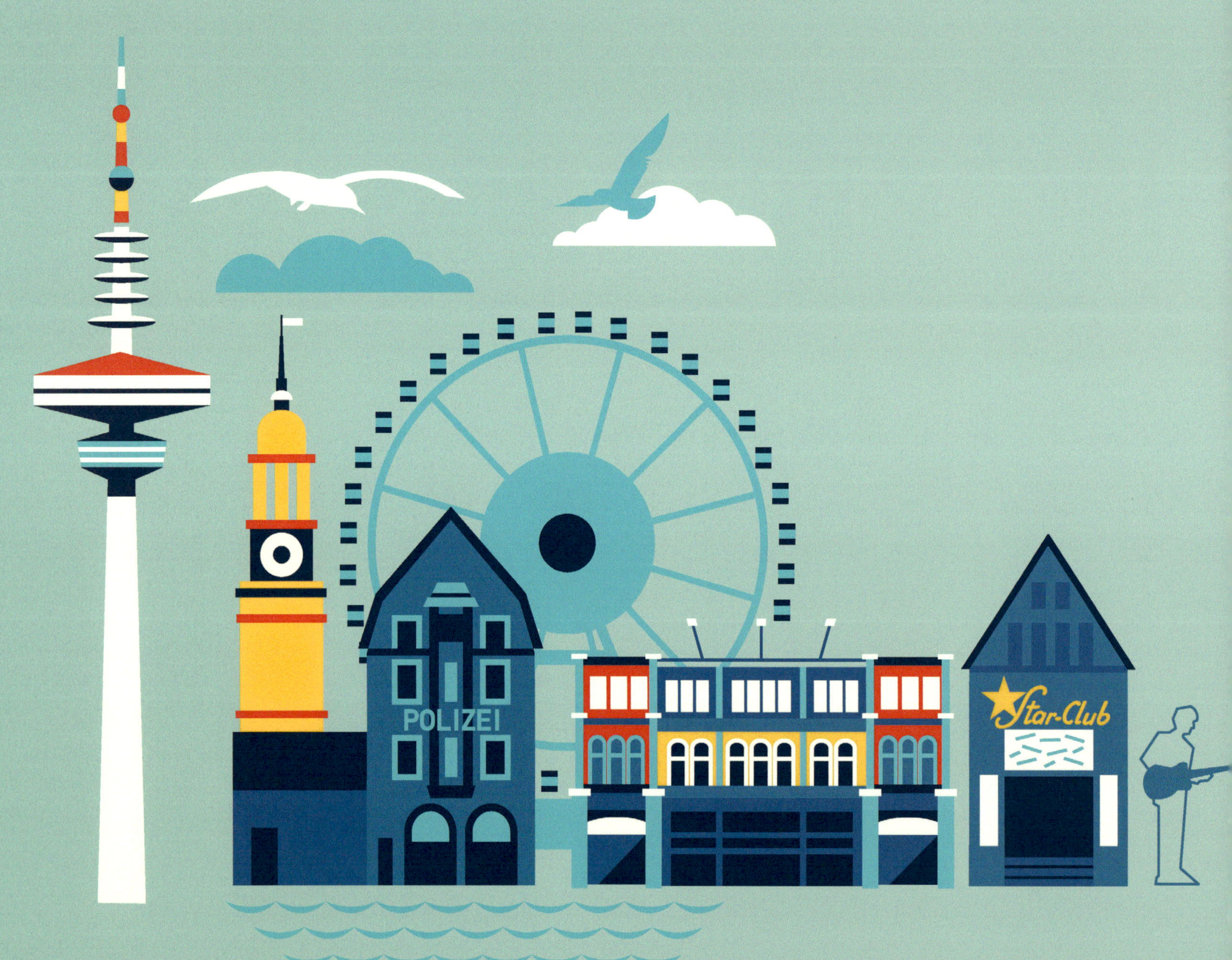

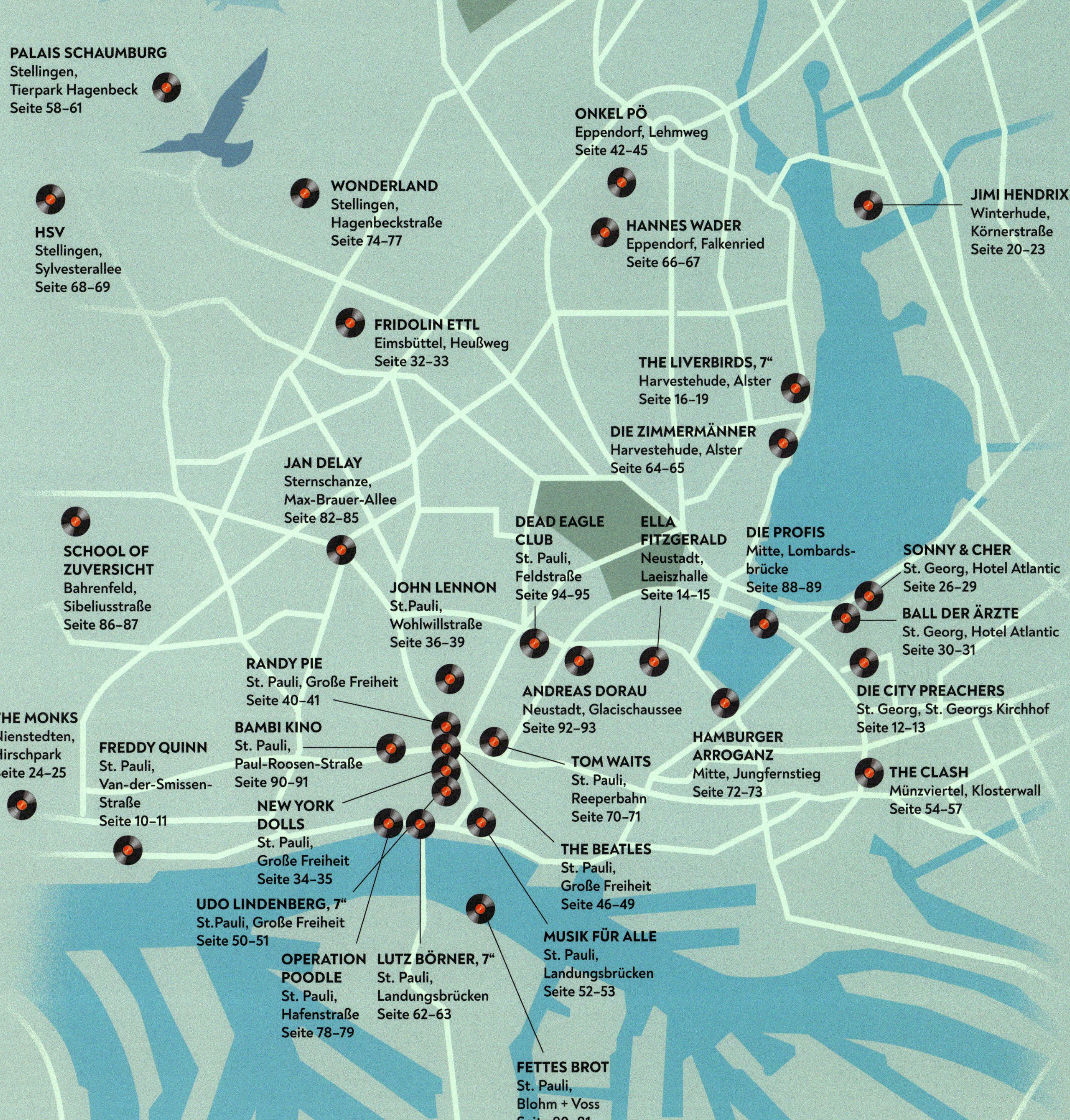
PALAIS SCHAUMBURG
Stellingen, Tierpark Hagenbeck
Seite 58–61
HSV
Stellingen, Sylvesterallee
Seite 68–69
WONDERLAND
Stellingen, Hagenbeckstraße
Seite 74–77
ONKEL PÖ
Eppendorf, Lehmweg
Seite 42–45
HANNES WADER
Eppendorf, Falkenried
Seite 66–67
JIMI HENDRIX, 7“
Winterhude, Körnerstraße
Seite 20–23
FRIDOLIN ETTL
Eimsbüttel, Heußweg
Seite 32–33
THE LIVERBIRDS, 7“
Harvestehude, Alster
Seite 16–19
DIE ZIMMERMÄNNER
Harvestehude, Alster
Seite 64–65
JAN DELAY
Sternschanze, Max-Brauer-Allee
Seite 82–85
SCHOOL OF ZUVERSICHT
Bahrenfeld, Sibeliusstraße
Seite 86–87
DEAD EAGLE CLUB
St. Pauli, Feldstraße
Seite 94–95
ELLA FITZGERALD
Neustadt, Laeiszhalle
Seite 14–15
DIE PROFIS
Mitte, Lombardsbrücke
Seite 88–89
SONNY & CHER
St. Georg, Hotel Atlantic
Seite 26–29
BALL DER ÄRZTE
St. Georg, Hotel Atlantic
Seite 30–31
JOHN LENNON
St.Pauli, Wohlwillstraße
Seite 36–39
RANDY PIE
St. Pauli, Große Freiheit
Seite 40–41
ANDREAS DORAU
Neustadt, Glacischaussee
Seite 92–93
DIE CITY PREACHERS
St. Georg, St. Georgs Kirchhof
Seite 12–13
THE MONKS
Nienstedten, Hirschpark
Seite 24–25
FREDDY QUINN
St. Pauli, Van-der-Smissen-Straße
Seite 10–11
BAMBI KINO
St. Pauli, Paul-Roosen-Straße
Seite 90–91
HAMBURGER ARROGANZ
Mitte, Jungfernstieg
Seite 72–73
TOM WAITS
St. Pauli, Reeperbahn
Seite 70–71
THE CLASH
Münzviertel, Klosterwall
Seite 54–57
NEW YORK DOLLS
St. Pauli, Große Freiheit
Seite 34–35
THE BEATLES
St. Pauli, Große Freiheit
Seite 46–49
UDO LINDENBERG, 7“
St.Pauli, Große Freiheit
Seite 50–51
MUSIK FÜR ALLE
St. Pauli, Landungsbrücken
Seite 52–53
OPERATION POODLE
St. Pauli, Hafenstraße
Seite 78–79
LUTZ BÖRNER, 7“
St. Pauli, Landungsbrücken
Seite 62–63
FETTES BROT
St. Pauli, Blohm + Voss
Seite 80–81

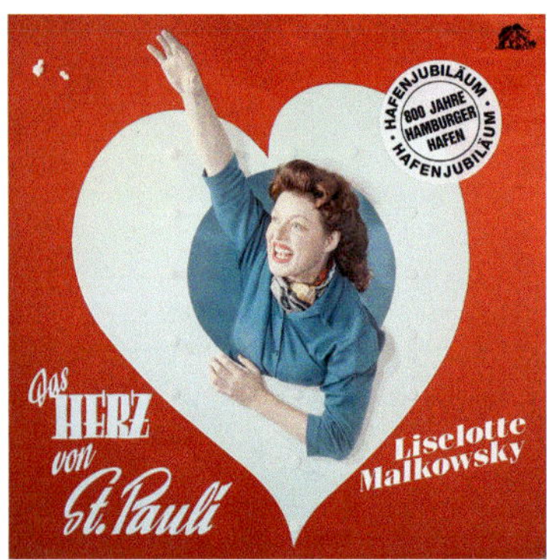

1956

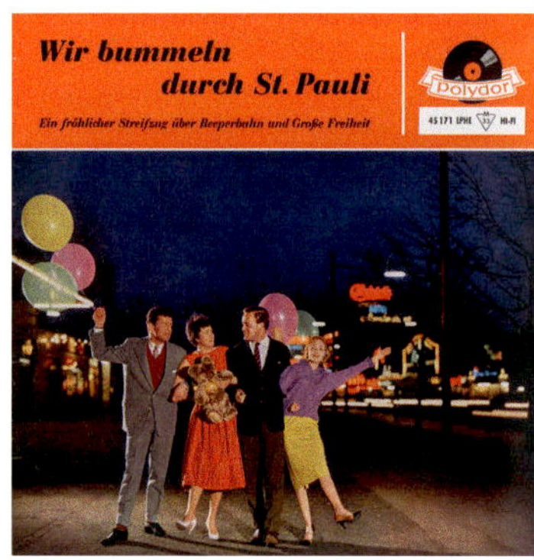

1958

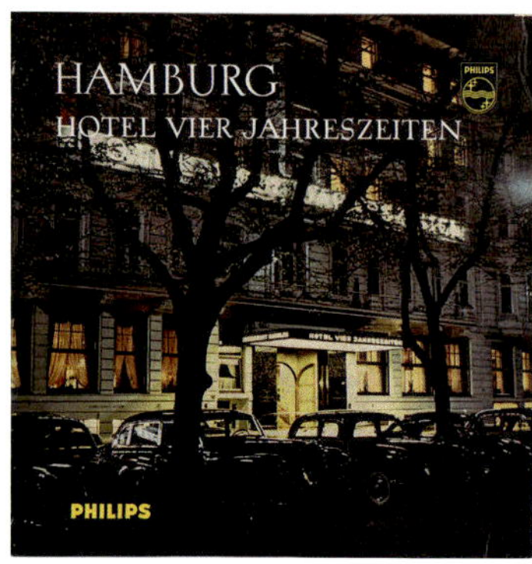

1962

Er wurde berühmt in einer Ära, in der Plattencover noch keine Rolle spielten, aber vermutlich war Hans Albers der erste Hamburger Popstar. Sein wohl populärster Film »Große Freiheit Nr. 7« entstand 1943, in finsterer Zeit, wurde umgehend von der Zensur kassiert – weil zu viel geraucht, geprügelt und fremdgegangen wurde – und erst nach Kriegsende von den Alliierten freigegeben. Natürlich zeigt der Film eine sehr ferne Vergangenheit, aber die Lieder »Auf der Reeperbahn nachts um halb eins« oder »La Paloma«, die der »Blonde Hans« da so markig wie sehnsuchtsvoll zum Besten gibt, geistern noch heute durch die Kneipen, Spelunken und Trinkhöllen von St. Pauli bis zu den Landungsbrücken:

»Auf der Reeperbahn nachts um halb eins,
ob du'n Mädel hast oder hast kein's,
amüsierst du dich,
denn das findet sich,
auf der Reeperbahn nachts um halb eins.
Wer noch niemals in lauschiger Nacht,
einen Reeperbahnbummel gemacht,
ist ein armer Wicht,
denn er kennt dich nicht,
mein St. Pauli, St. Pauli bei Nacht.«

Verse, die zeitlos sind, und wenn dieser Tage im Herbst noch mehr Besucher aus aller Welt beim Reeperbahn Festival für einige Tage den Kiez überfluten, werden ab einem gewissen Alkoholpegel wieder zuverlässig die alten Hans-Albers-Nummern mitgegrölt.
Mag Albers die mythische Figur der popkulturellen Kiezfolklore sein, musikalisch begann die Geschichte des Pop in Hamburg wahrscheinlich erst in den späten Stunden des 8. Oktober 1958, als der Geist des Rock 'n' Roll über die Hansestadt kam. An jenem Abend trat der US-Rock-,n'-Roller Bill Haley mit seinen *Comets* in der Ernst-Merck-Halle auf, und das junge Publikum rastete kollektiv so aus, wie man es in Hamburg noch nie erlebt hatte. Die Ordnungshüter waren zwar vorgewarnt gewesen, weil es bereits am Abend davor im Berliner Sportpalast zu tumultartigen Ausschreitungen gekommen war. Dennoch geriet auch die Vorstellung in Hamburg völlig außer Kontrolle. Trotz Absperrgittern und harten Einlasskontrollen sowie drei Hundertschaften berittener Polizei bekam die Ordnungsmacht die 6000 ausflippenden »Halbstarken« nicht in den Griff: Erst flogen Stühle, dann wurde die Bühne gestürmt und selbstverständlich zerlegt, nebenher wurden auch die Ordner noch verprügelt. Am Bahnhof Dammtor fand die Schlacht der entfesselten Teenager mit den geschockten Ordnungshütern ihr Finale. Nachdem sich der Rauch

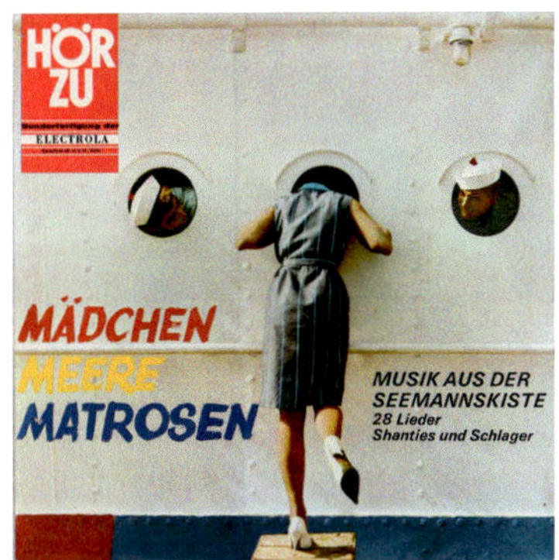

1966

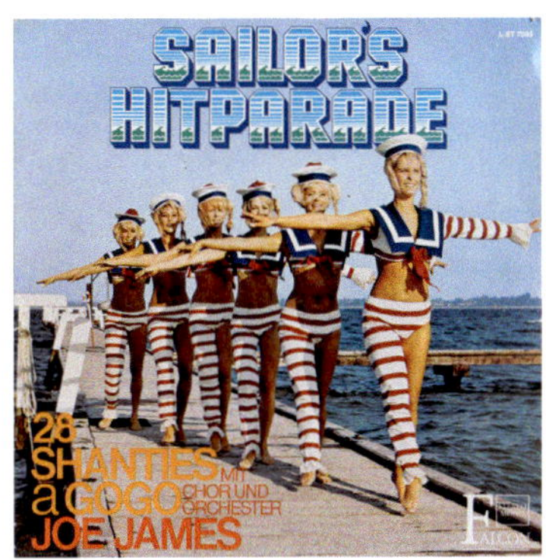

1974

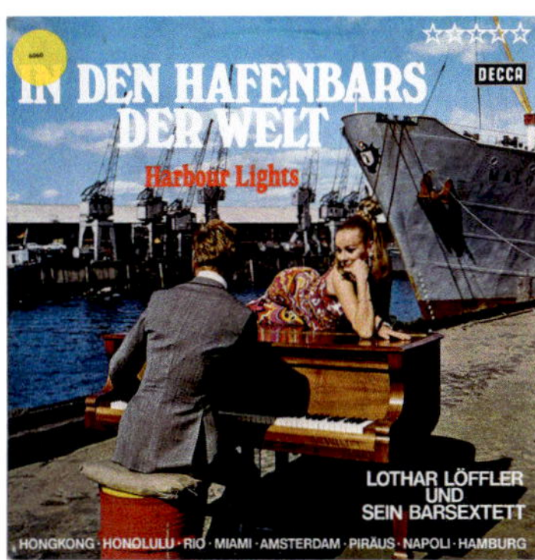

1974

gelegt hatte, die Trümmer beseitigt waren und alle zur Tagesordnung zurückgekehrt waren, blieb dennoch die Ahnung, dass sich etwas verändert hatte. Der globale Siegeszug der Teenager-Kultur hatte Hamburg erreicht. Und ein würdiger Veranstaltungsort sollte dann auch bald seine Tore öffnen.

Eine Ewigkeit vor dem Studio 54 in New York oder dem Berghain in Berlin galt der Star-Club an der Großen Freiheit 39 als Wohnzimmer aufgekratzter Pop-Freigeister. Weltweit sehnten sich damals Teenager nach diesem Etablissement, das am 13. April 1962 eröffnet wurde – was natürlich auch an der Strahlkraft der Abenteuer verheißenden Umgebung lag. Denn der Kiez ist, was gerne mal vergessen wird, tatsächlich einmalig mit seinen Möglichkeiten und Verheißungen ganz abseits von Sex gegen Geld! Egal ob New York, Tokio, London, Paris oder Rom: Irgendwann wird in diesen Metropolen zu fortgeschrittener Stunde immer das Licht ausgemacht, der Alkohol nicht mehr ausgeschenkt und die Musik ausgestellt. Ein ganzes Viertel, in dem man an jedem Tag im Jahr rund um die Uhr tanzen, trinken, essen und flirten kann, gibt es nur in Hamburg – der Stadt ohne Sperrstunde. Was dann eben auch seit einer Ewigkeit Künstler an die Elbe gelockt hat.

Auch in Liverpool schwärmten die jungen Beat-Musiker in den Sechzigern von den Verlockungen des Hamburger »Red Light District«. Im Star-Club spielten damals Könner wie Ray Charles, Chuck Berry, Little Richard, *Cream*, Jimi Hendrix, Gene Vincent, Jerry Lee Lewis, Fats Domino, *The Everly Brothers* und ein ambitioniertes Nachwuchs-Quartett namens *The Beatles*. Ein Ort also, für den man sich eine Zeitmaschine wünschen würde. Aber egal, über die Zeit der *Beatles* in Hamburg sind alle Geschichten millionenfach erzählt worden, es gibt keine Geheimnisse mehr. Dennoch ist die Strahlkraft dieser Mythen und Märchen nicht nur in der Hansestadt ungebrochen. Das belegte vor einer Weile sehr lässig Bob Dylan, als er dezent getarnt an einer St.-Pauli-Führung von *Beatles*-Expertin Stefanie Hempel teilnahm.

In Hamburg wurde schon immer viel Musik gemacht, aber einen speziellen »Sound« wie etwa Seattle (»Grunge«) oder Detroit (»Techno«) hat die Stadt nie gehabt. Stattdessen gab es an der Elbe immer irgendwie alles: Jazz, Beat, Rock, Techno, Reggae, Soul und natürlich auch Schlager. Und ein paar Weltstars hat die Hansestadt dem Pop-Universum nebenher auch beschert. Wie zum Beispiel Berthold Heinrich Kaempfert, genannt Bert Kaempfert, aus Barmbek-Nord. Der Sohn eines Malergesellen produzierte für Elvis (»Muss I denn zum Städtele hinaus«) wie die *Beatles* (»My Bonnie«) und schrieb den Welthit »Strangers in the Night«, den dann Frank Sinatra berühmt machte. Später nahm Frankie-Boy sogar noch zwei weitere Kaempfert-Songs

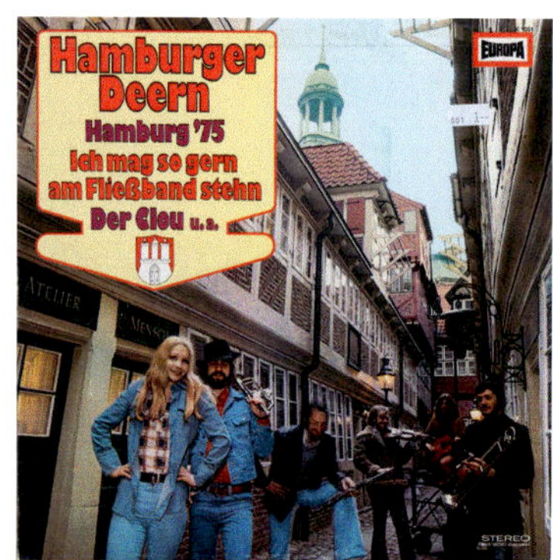

1975

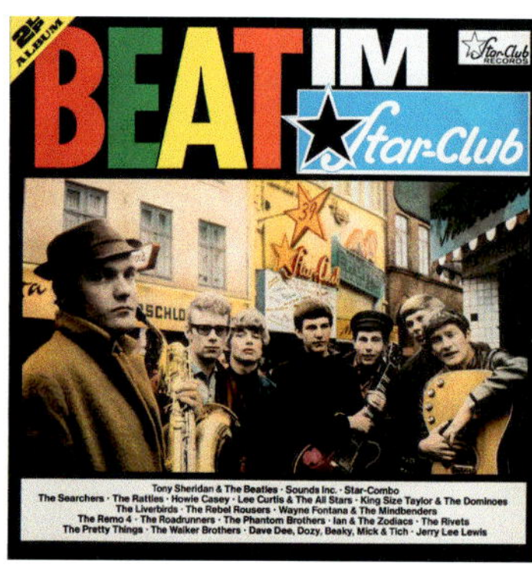

1979

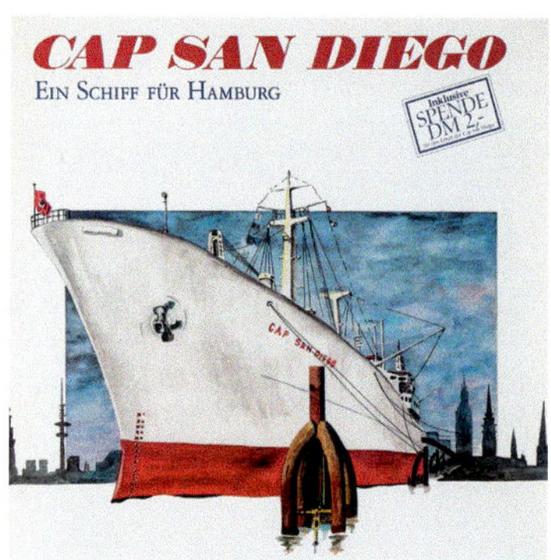

1980

auf. Auch Al Martino (»Spanish Eyes«) und Nat King Cole (»L.O.V.E.«) verdanken dem Hamburger Komponisten und Bandleader Welthits. Ähnlich erfolgreich war James Last, der zwar in Bremen geboren wurde und in Florida starb, aber irgendwie als Hamburger durchgeht, weil er den Großteil seines Arbeitslebens in der Stadt verbrachte. Mit seinem »Happy Sound« beglückte er weltweit ein gigantisches Publikum, brach immer wieder Umsatzrekorde und wurde speziell in Großbritannien gefeiert. Auch die Krautrocker von *Faust* fanden vor langer Zeit in Hamburg zusammen und bekamen hier ihren ersten Plattenvertrag. Über ihr Debütkonzert in der komplett verkabelten Musikhalle werden immer noch Legenden erzählt. Oder Klaus Voormann: Der wurde zwar in Berlin geboren, geht aber mittlerweile auch als Hamburger durch. Der gelernte Grafiker freundete sich im Star-Club mit den »Fabelhaften Vier« aus Liverpool an, zeichnete ihnen das weltberühmte Cover für das *Beatles*-Album »Revolver«, spielte auf vielen ihrer Soloplatten Bass und blieb John, Paul, George und Ringo fürs ganze Leben verbunden.
Was seine Ansprüche auf Weltgeltung angeht, war Hamburg – »Das Tor zur Welt« – immer auch eine Spur größenwahnsinnig. In der Förderung populärer Musik hat sich das großzügige Denken allerdings kaum niedergeschlagen, und auch, spezieller, in der Förderung der Klubkultur – also eben jener Läden, die den Nachwuchskräften erste Bühnen bieten, damit sie dann, vor einer Handvoll Begeisterter, ihre Werke aufführen dürfen – hat sich die Stadt nicht wirklich hervorgetan. Eine Ignoranz, die in Hamburg eine lange Tradition hat. Die Gründe dafür verrät das Lexikon: »Die Kultur in der Freien und Hansestadt Hamburg ist in weiten Teilen auf die private Initiative ihrer Bürger zurückzuführen und gedieh in ihrer liberalen und mäzenatischen Einstellung. Im Gegensatz zu anderen Städten dieser Größenordnung konnte Hamburg nicht auf die Kulturförderung eines Hofes oder eines Fürsten zurückgreifen. Das Kulturleben der Stadt war vielmehr auf die Initiative ihrer Bürger angewiesen. Tatsächlich hat die Stadt bis in die 1930er Jahre keine aktive Kulturpolitik getrieben. Bestehende und etablierte Institutionen wurden erst dann finanziell gefördert, wenn Bürger Vorleistungen gebracht hatten und die Nützlichkeit plausibel war.« Für die Popkultur gilt das bis in die Gegenwart. Nennenswert gefördert wurde in der Kaufmannsstadt allenfalls die Hochkultur. Das Populäre war mehr oder weniger sich selbst überlassen. Dass die *Beatles* sich an der Elbe für ihre Weltkarriere warmspielten, ist deshalb ganz allein das Verdienst der jeweiligen Clubbetreiber, egal ob Indra, Top Ten oder Star-Club. Die Clubs und Spelunken, die seit Jahrzehnten dafür sorgen, dass sich die Jungen Wilden in Hamburg ausprobieren dürfen, tun das ohne den Rückhalt der Hansestadt. Nicht einmal das Beatles-Museum zu erhalten war die Kulturpolitik in der Lage.

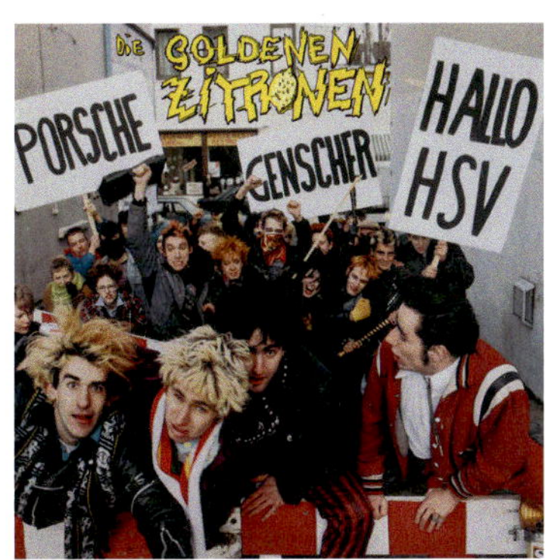

1984

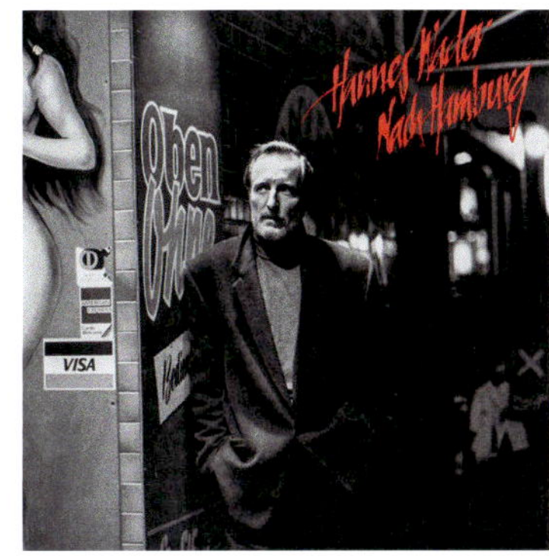

1989

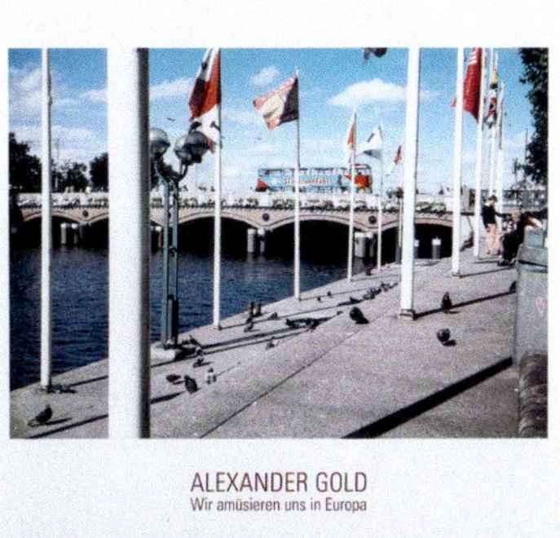

2002

Was aber natürlich »die Stadt« nie davon abgehalten hat, sich mit den Künstlern und Künstlerinnen, deren Karrieren hier in Fahrt gekommen sind, zu schmücken: die *Absoluten Beginner, Fettes Brot, Tocotronic, Die Liga der Gewöhnlichen Gentlemen,* Andreas Dorau, *Die Sterne, Blumfeld,* Samy Deluxe, Haiyti, Bosse und selbstverständlich Udo Lindenberg. Vielleicht ist es mitunter auch ein Vorteil, ohne Förderung Karriere zu machen, weil das die Unabhängigkeit und das Selbstbewusstsein stärkt. Aber das bedeutet natürlich nicht, dass die ganzen kleinen wunderbaren Clubs wie Knust, Pudel, Logo, Kir, Stage Club, Fabrik, Markthalle, Astra-Stube, Molotow, Headcrash oder Hafenklang sich nicht über substanziellere städtische Zuwendungen freuen würden. Auch Übungsräume, die nicht am Ende der Welt versteckt liegen, kann eine Stadt wie Hamburg eigentlich nicht genug haben. Die Frage, ob und zu welchen Bedingungen sich Investoren attraktive Objekte, die von Kreativen genutzt werden, aneignen sollten und welche Rolle die Stadt dabei spielt, wird deshalb immer relevanter werden. Insbesondere in Zeiten dahinschmelzender Tonträgerumsätze sollten Nachwuchskünstler die Chance auf halbwegs attraktive Orte haben, an denen sie ihre Musik entwickeln und zu Gehör bringen können. Auch vollelektronische Musik, die tief in der Nacht einsam im Schlafzimmer programmiert wurde, muss manchmal aufgeführt werden. Dass Hamburg mal das Zentrum der deutschen Musikindustrie war, ist jedenfalls eine gefühlte Ewigkeit her. Heute hat nur noch einer der Hauptdarsteller der Musikindustrie, Warner Records, seine Zentrale an der Elbe. Dafür ist die Stadt voll mit umtriebigen kleinen Plattenfirmen, die im Zeitalter der totalen Digitalisierung weiterhin auf physische Tonträger setzen. Das sind Unternehmen, die oft von unbeirrbaren Romantikern vom Küchentisch aus betrieben werden. Hinzu kommen die Plattenläden, mit denen Hamburg in verblüffender Dichte gesegnet ist: Biotope, in denen die Macher meistens bei lachhaftem Verdienst bis zum Anschlag arbeiten, um sich den Traum zu erfüllen, von der und mit Musik leben zu können. Die Elbphilharmonie zu Hamburg scheint demgegenüber in einer Parallelwelt zu existieren, in der keine Wünsche offenbleiben: ein schnieker Prunkbau, über dessen Klangqualitäten zwar gezankt wird, der aber Geld in die Stadt spült und Touristen aus aller Welt als Selfie-Hintergrund dient. Vielleicht sollte aber letztlich jeder Ort, der Musikern eine Bühne bietet, egal ob für Klassik, Jazz, Techno oder Trap-Glitsch-Hardcore-Klimbim, gefeiert werden. Und auch wenn sich die widrigen Umstände der Musikindustrie gern und ausgiebig beklagen lassen, legen unbeeindruckt davon in diesem Augenblick irgendwo in Hamburg Künstler los, schmieden größenwahnsinnige Pläne und überlegen sich, wie ihr nächstes Plattencover aussehen könnte.

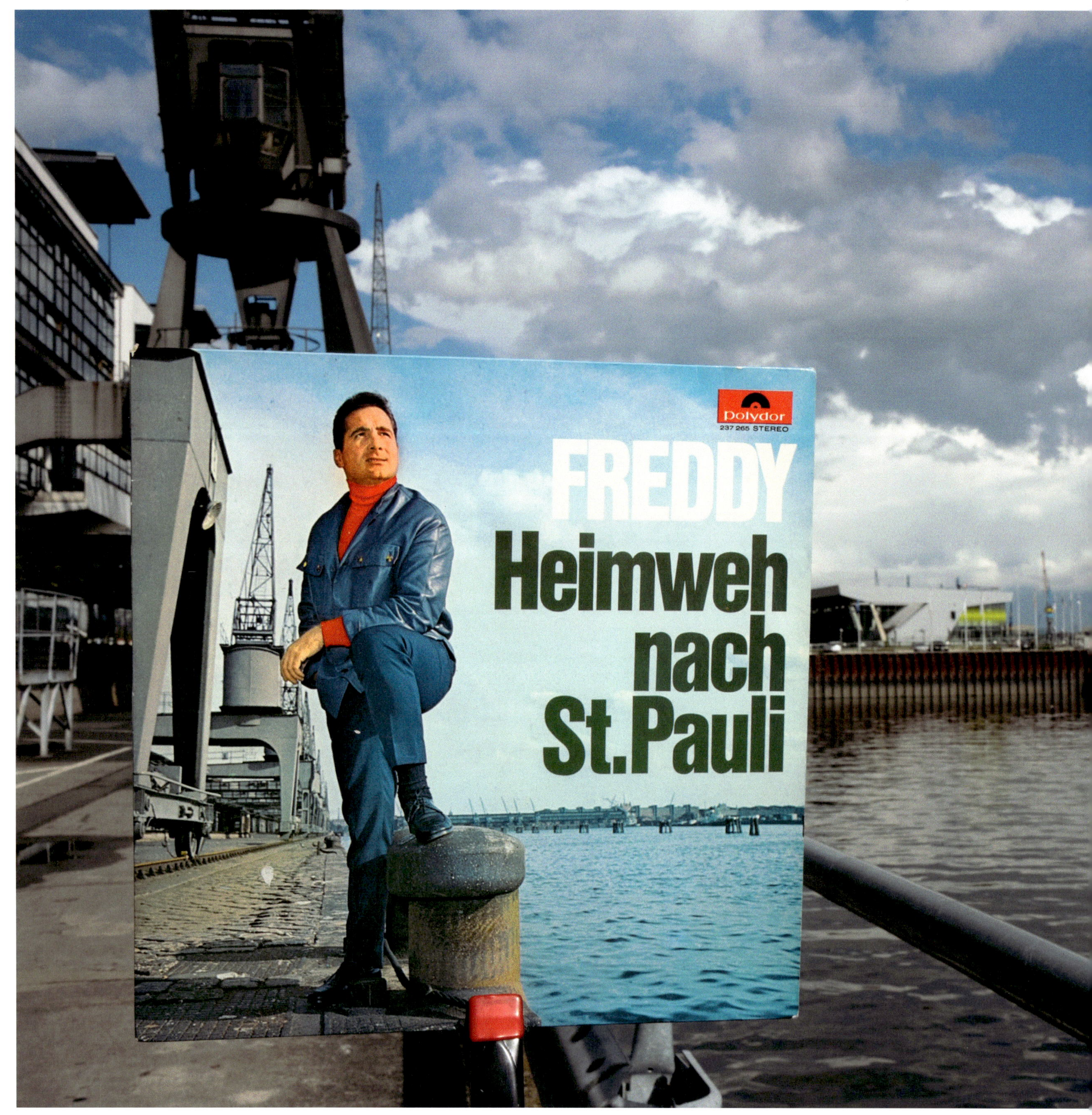
Polydor
237 265 STEREO
FREDDY
Heimweh nach St. Pauli

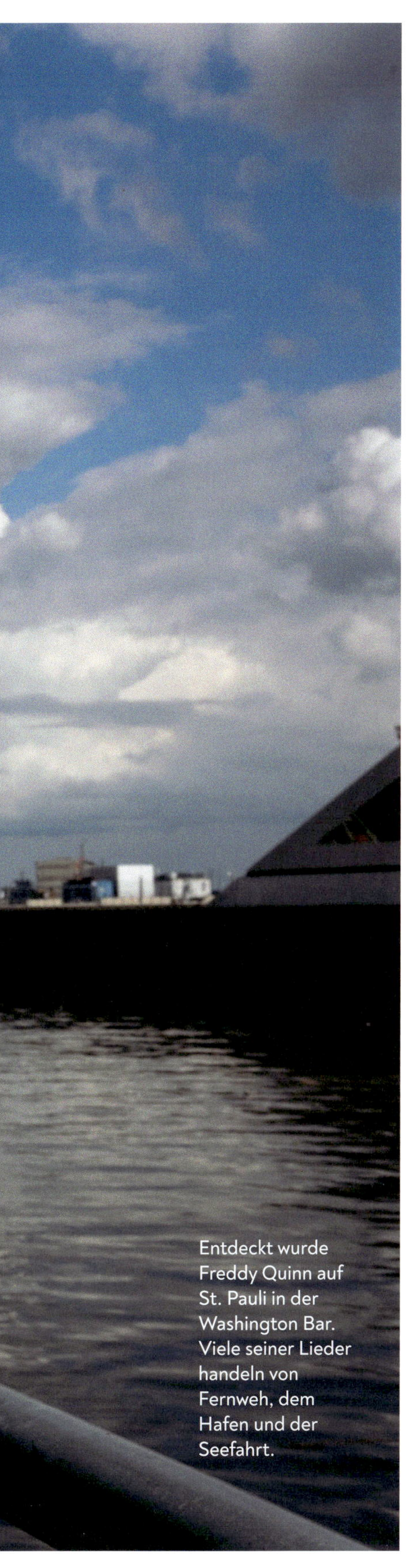

Entdeckt wurde Freddy Quinn auf St. Pauli in der Washington Bar. Viele seiner Lieder handeln von Fernweh, dem Hafen und der Seefahrt.

1963

FREDDY
HEIMWEH NACH ST. PAULI

Freddy Quinn heißt eigentlich Franz Eugen Helmuth Manfred Nidl und hat in Niederfladnitz, Österreich, das Licht der Welt erblickt. Aber das ist letztlich egal, denn kein Künstler hat das Image des von unendlichem Fernweh geplagten Hamburger Seemanns so perfektioniert wie er. Ein Paradebeispiel dafür ist diese Plattenhülle: Da lässt der Sänger den Blick in die Ferne schweifen. Ein ewig Suchender, Getriebener, der Freunde und Familie zurücklässt, weil er doch wieder los muss. Als Kind lebte Freddy eine Weile bei seinem Vater in den USA, zog mit einer Zirkustruppe durch die weite Welt, spielte vor Fremdenlegionären in Algerien Gitarre und für US-Offiziere in Rom Klavier. Entdeckt wurde er auf St. Pauli in der Washington Bar von den Fernsehmachern Jürgen Roland und Werner Baecker. Im Nachkriegsdeutschland trafen Freddys mit grabestiefer Stimme vorgetragene Fernwehballaden den Nerv eines Massenpublikums. Hamburg war für den in Deutschland weltberühmten Künstler immer ein besonderer Ort. Nicht nur weil er in der Hansestadt entdeckt wurde, sondern auch weil er, wie er behauptet, dort gezeugt wurde. Im neuen Jahrtausend ist es um den großen Melancholiker still geworden. Aus der Öffentlichkeit hat er sich längst zurückgezogen und ist in ruhigen Gefilden am Stadtrand vor Anker gegangen. Ob ihn das Fernweh verlassen hat, ist nicht bekannt.

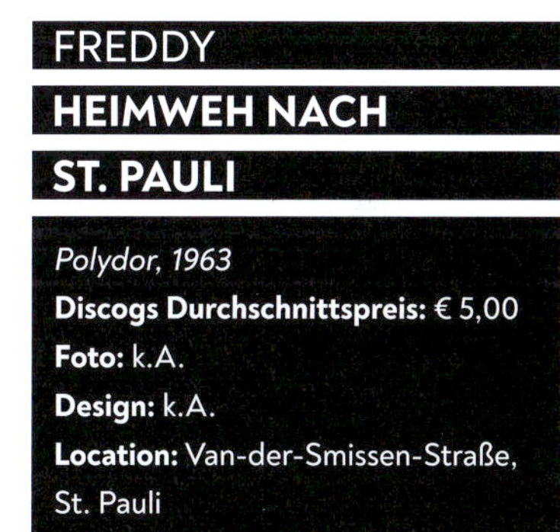

FREDDY
HEIMWEH NACH
ST. PAULI

Polydor, 1963
Discogs Durchschnittspreis: € 5,00
Foto: k.A.
Design: k.A.
Location: Van-der-Smissen-Straße, St. Pauli

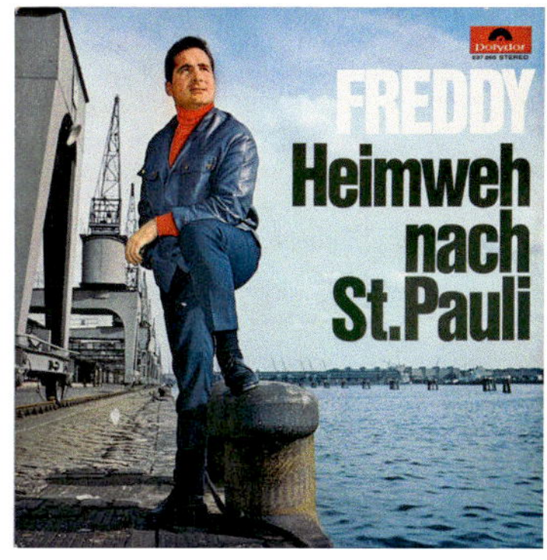

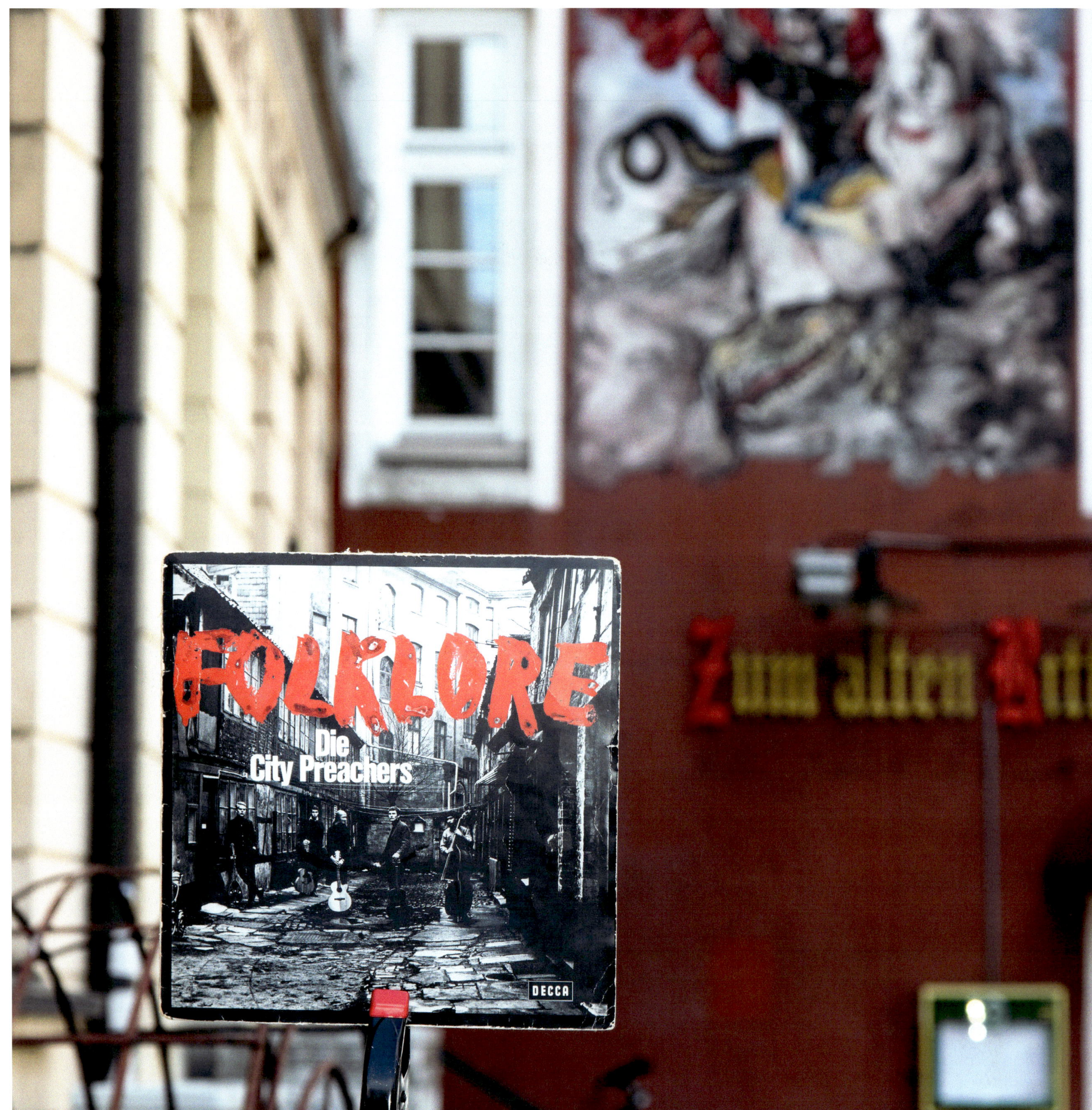
FOLKLORE
Die
City Preachers
DECCA
Zum alten

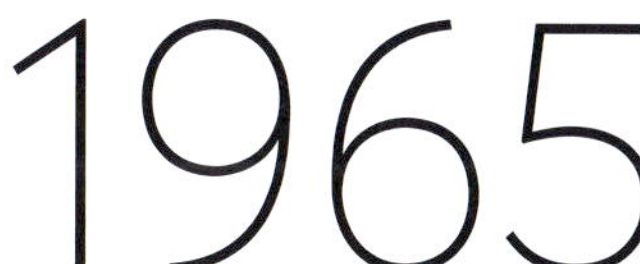

DIE CITY PREACHERS **FOLKLORE**

Über Gentrifizierung wird auch in Hamburg gern gezankt, und früher oder später geht es dann irgendwann auch um St. Georg. Das nach einem christlichen Drachentöter benannte Viertel, zwischen Alster und Hauptbahnhof, war nach dem Zweiten Weltkrieg so zerstört, dass es konkrete Pläne der Neuen Heimat gab, den ganzen Stadtteil plattzumachen, um dort ein riesiges Betonmonstrum namens »Alsterzentrum« aus dem Boden zu stampfen. Die Verhandlungen darüber liefen Mitte der Sechziger noch auf Hochtouren, als die Folkrocker von den *City Preachers* beschlossen, sich in einem angemessen runtergerockten Hinterhof von St. Georg für das Cover ihres Debütalbums in Schale zu werfen. Die 1965 von einem Londoner Bankangestellten in Hamburg gegründete Band brachte damals allerlei Folkeinflüsse aus aller Welt zusammen. In jenen Jahren etwa schockierte Bob Dylan die gestrengen Folkpuristen mit seinem Griff zur Elektrischen Gitarre und der damit unvermeidlich gewordenen Erkenntnis, dass alles, was bis dahin in jenem Genre gefeiert worden war, auf einen Schlag alt klang. Vielleicht beeindruckte er damit auch die *City Preachers*, jedenfalls wurde die Band dann zu einer Talentschmiede für aufstrebende Popmusiker in Hamburg. Die Liste der Künstler, die bei ihnen ihre Karriere begannen, reicht von Inga Rumpf und Alexandra bis hin zu Udo Lindenberg. Letztgenannter ist dem Viertel treu geblieben, denn das Atlantic-Hotel, in dem er als Dauergast logiert, steht am Rande von St. Georg.

Das von Günter Zint in St. Georg fotografierte Cover war eins der ersten seiner Art und Vorbild für viele weitere Cover-Shootings in abgerockten Hinterhöfen.

DIE CITY PREACHERS
FOLKLORE

Decca, 1965
Discogs Durchschnittspreis: € 11,70
Foto: Günter Zint
Design: k.A.
Location: St. Georg

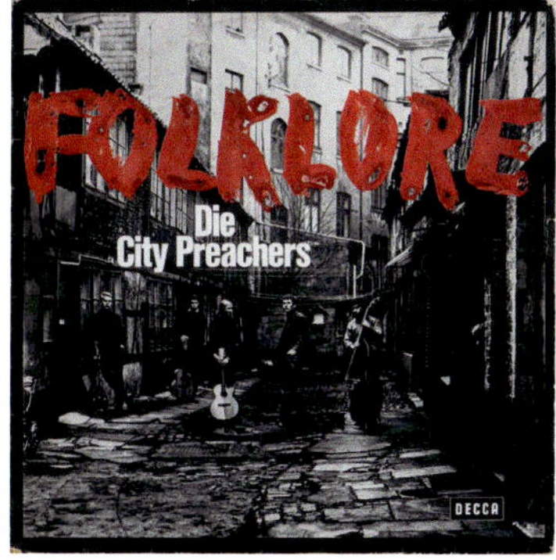

1965

ELLA FITZGERALD
ELLA IN HAMBURG

Die Ehrennamen für Ella Fitzgerald waren bereits zu ihren Lebzeiten zahlreich: »First Lady of Song«, »Queen of Jazz« oder einfach nur »Lady Ella«. Die 1917 in Virginia geborene Künstlerin hatte sich aus schwierigen Verhältnissen in die Champions League der Musikwelt gesungen. So war es ein Ereignis der besonderen Art, als die bereits zu Lebzeiten legendäre Künstlerin am 26. März 1965 auf der Bühne der Hamburger Musikhalle am damaligen Karl-Muck-Platz stand. Zu dieser Zeit war sie 47 und konnte bereits auf eine lange Karriere zurückblicken. Allerdings waren die Sechziger für viele etablierte Musiker eine herausfordernde Zeit, weil die *Beatles* das Musikuniversum durcheinanderwirbelten und dafür sorgten, dass alles, was vor ihnen groß gewesen war, über Nacht von der Zeit überholt schien. Kein Wunder also, dass auch Ella Fitzgerald ihr Programm dem Zeitgeist anpasste. In Hamburg führte sie gleich drei Beatles-Nummern auf: »A Hard Day's Night«, »Can't Buy Me Love« und »Hey Jude«. Aber weil es eben Ella Fitzgerald war, trug sie auch diese Songs vor, als seien sie nur für sie geschrieben worden. Wobei ihr das Tommy Flanagan Trio lässig den Rücken stärkte. Den Mitschnitt jenes Abends sollte man entspannt auf sanft knisterndem Vinyl genießen. Und die Musikhalle heißt in diesem Jahrtausend zwar Laeiszhalle, hat aber ansonsten den Charme eines Ortes, an dem im allerbesten Sinne die Zeit stehen geblieben ist.

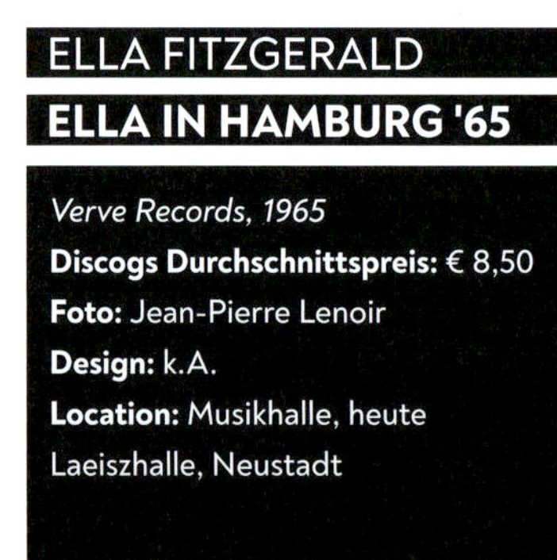

ELLA FITZGERALD

ELLA IN HAMBURG '65

Verve Records, 1965
Discogs Durchschnittspreis: € 8,50
Foto: Jean-Pierre Lenoir
Design: k.A.
Location: Musikhalle, heute Laeiszhalle, Neustadt

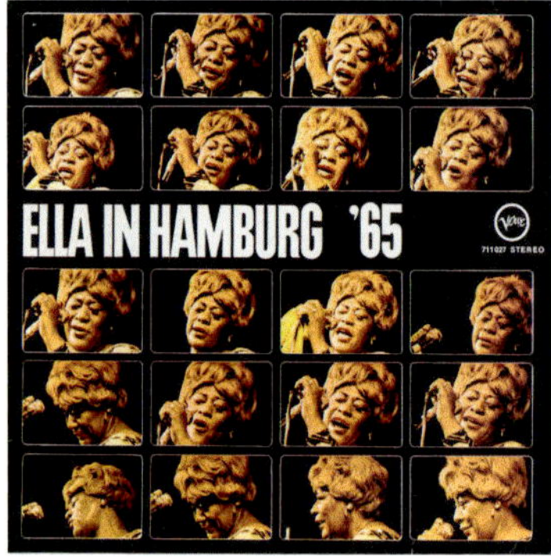

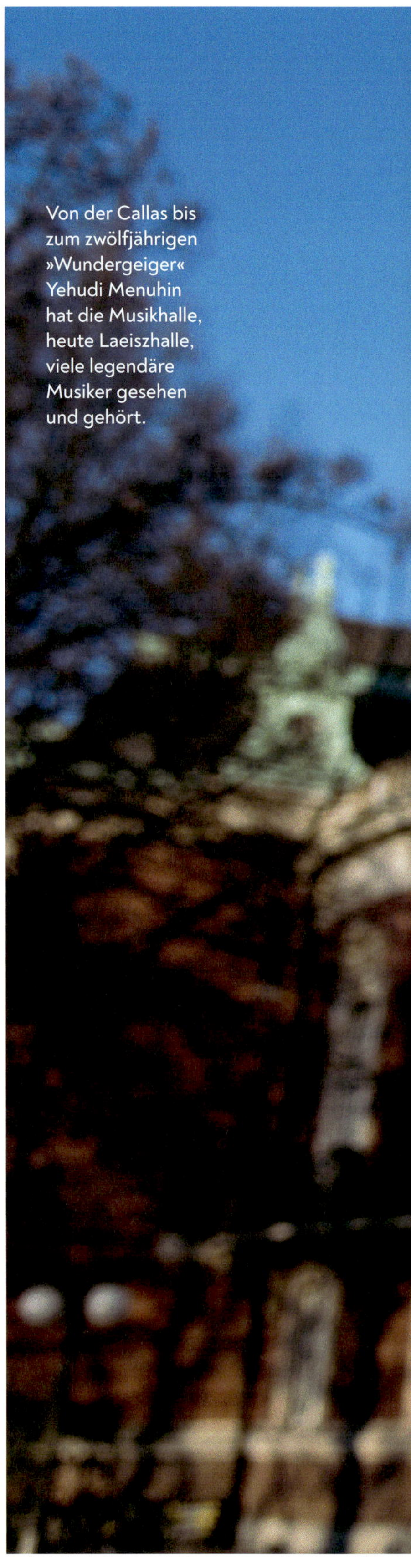

Von der Callas bis zum zwölfjährigen »Wundergeiger« Yehudi Menuhin hat die Musikhalle, heute Laeiszhalle, viele legendäre Musiker gesehen und gehört.

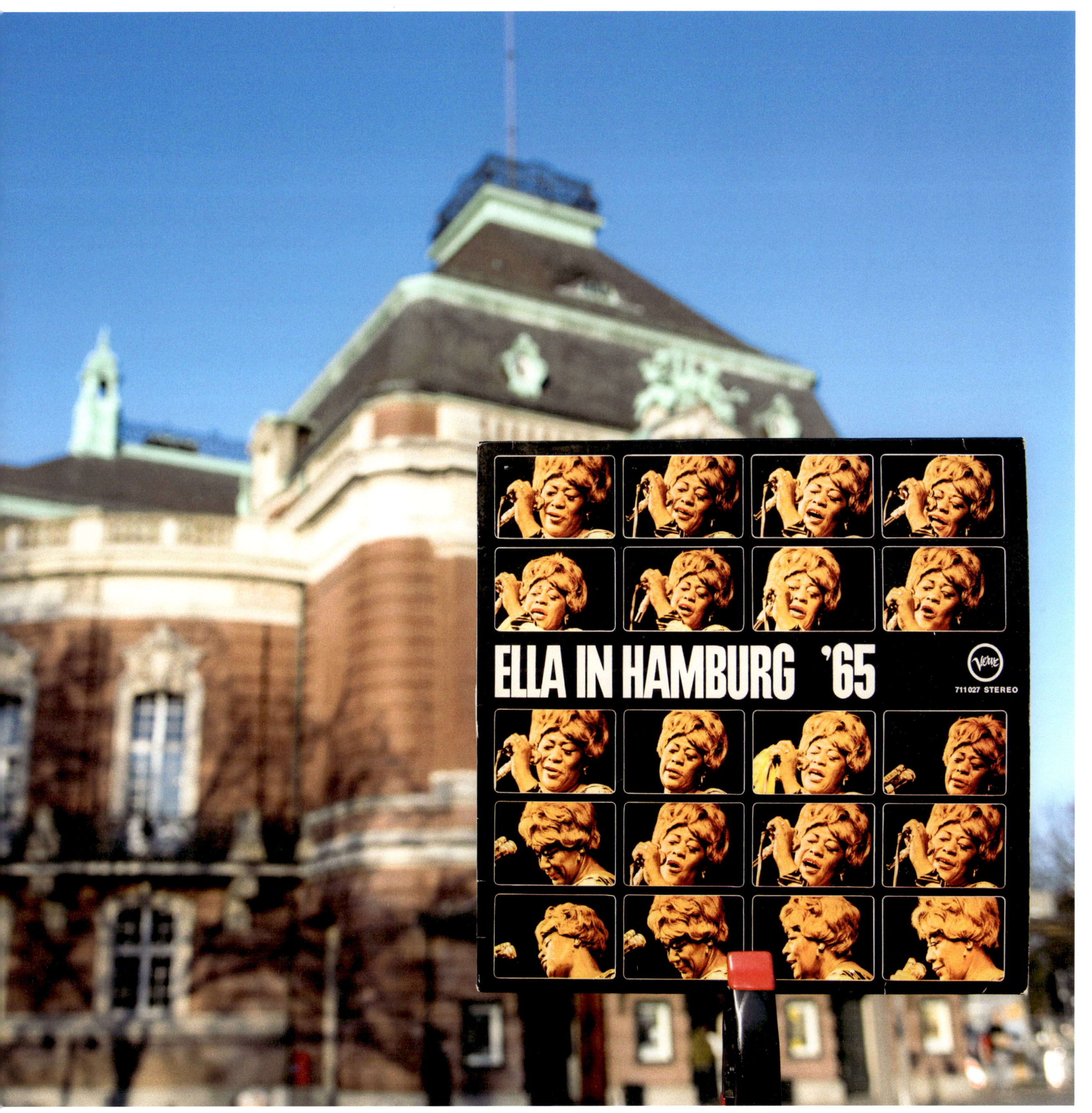
ELLA IN HAMBURG '65
Verve
711 027 STEREO

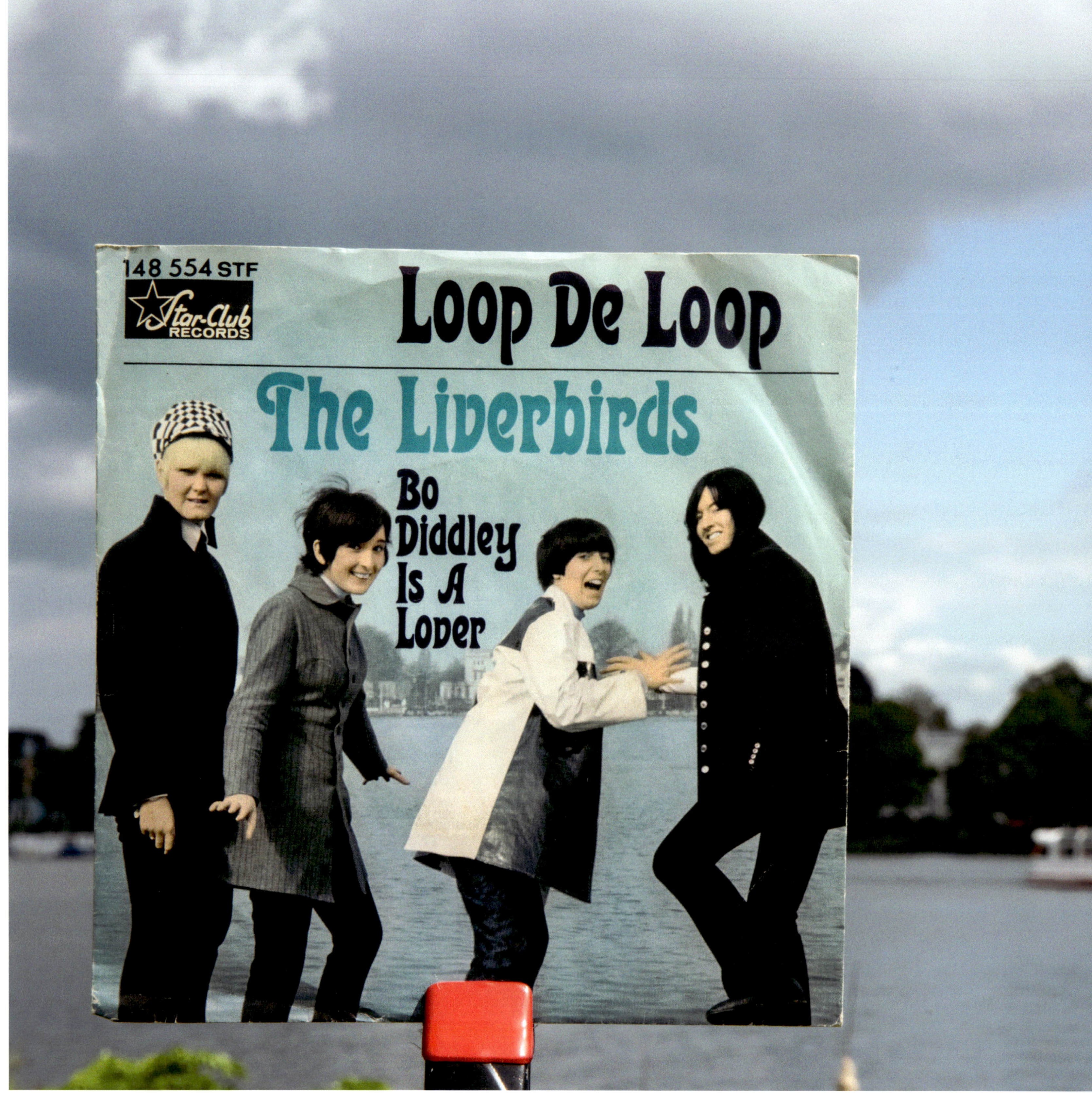
148 554 STF
Star-Club
RECORDS
Loop De Loop
The Liverbirds
Bo
Diddley
Is A
Lover

»Allererste weibliche Rockband« – so wurden die *Liverbirds* erst den *Beatles* im Cavern Club und später dem Hamburger Publikum im Star-Club vorgestellt.

THE LIVERBIRDS **LOOP DE LOOP**

Vielleicht begann die Geschichte der *Liverbirds* 1962 mit der Nacht, in der Mary McGlory im Cavern Club zu Liverpool die *Beatles* erlebte und beschloss, eine Rockband zu gründen. Auch in Valerie Gell und Sylvia Saunders war zu der Zeit der Geist des Rock ‚n' Roll gefahren. »Ich war mit Valerie befreundet, die eines Tages eine Gitarre hatte, und ich schlug ihr vor, eine Band zu starten«, erinnert sich Sylvia. »Wir hatten in der Zeitung gelesen, dass Mary eine Gruppe gründen wollte, fanden heraus, wo sie wohnt, und klopften bei ihr an der Haustür. Der Rest ergab sich. Einige Monate lang übten wir jeden Tag unter der Woche. Die Wochenenden hielten wir uns allerdings frei, um in den Cavern Club zu gehen, damit wir mitbekamen, was sich in der Szene tat. Die Band, die uns am meisten beeindruckte, waren die *Beatles:* Ihre Songs, ihr Sound und ihr Aussehen. Der Name *The Liverbirds* steht übrigens einerseits für das Wahrzeichen Liverpools, einen Märchenvogel, andererseits ist es ein Mix aus Liverpool und ›Birds‹, ein Begriff, der damals im Englischen umgangssprachlich für ›Mädchen‹ verwendet wurde.«
Vielleicht begann die Geschichte der Rockband *Liverbirds* aber auch mit dem Abend, an dem sie den *Beatles* tatsächlich begegneten.
Der Chef des Cavern Clubs hatte die Mädchen nach einem *Beatles*-Konzert hinter die Bühne eingeladen, um sie den Fabelhaften Vier vorzustellen. Die vier *Liverbirds* standen aufgeregt da wie kleine Mädchen und wurden den *Beatles* als Englands allererste weibliche Rockband vorgestellt. »John Lennon schaute uns verächtlich an und sagte: ›Girls don't play guitar.‹«, erinnert sich Mary. »Aber das hat uns erst recht motiviert weiterzumachen.«

1966

Irgendwann zum Ende des Jahres 1962 standen die *Liverbirds* das erste Mal auf der Bühne des Cavern Club und reisten dann kreuz und quer durch England. Sie spielten in jedem Laden, der ihnen eine Bühne bot. Der Krieg war noch gar nicht so lange vorbei, und Rock-,n'-Roll-Clubs gab es auch in England noch nicht allzu viele. Eine Dreiviertelstunde dauerten ihre Auftritte in der Regel, eigene Songs hatten sie noch nicht und spielten deshalb Coverversionen. Dafür wurden sie so gefeiert wie die männlichen Kollegen, weil die *Liverbirds* genauso viel Wucht auf die Bühne brachten. Bei einigen ihrer Auftritte im Cavern dürfte auch John Lennon im Publikum gestanden haben und verblüfft gewesen sein, wie fabelhaft Mädchen eben doch mit Gitarren umgehen können. »Mit den *Rolling Stones*, die sehr hilfsbereit waren«, erzählt Mary, »sind wir auch einige Male aufgetreten. Eines Abends ist mir auf der Bühne eine Saite an meinem Bass gerissen. Da mir das noch nie passiert war, blickte ich verzweifelt auf mein kaputtes Instrument und begann zu weinen. Plötzlich kam Bill Wyman auf die Bühne, nahm meinen Bass und gab mir seinen. Er verschwand mit meinem Bass, tauschte die Saite aus, stimmte das Instrument und brachte es mir zurück auf die Bühne. Das war fantastisch.«

Vermutlich beginnt die Geschichte der *Liverbirds* aber eigentlich erst in Hamburg. »Im Liverpooler Rialto-Hotel spielten damals Gruppen vor, die sich für ein Engagement im Hamburger Star-Club bewarben. Wir sahen die Anzeige dafür und beschlossen, es auf den Versuch ankommen zu lassen. Da war viel los, aber dann waren wir dran und wurden tatsächlich genommen«, erzählt Sylvia, wie es die Nordengländerinnen nach Norddeutschland verschlug. Schon auf der Zugreise in die Hansestadt änderten sie ihren Sound, arbeiteten an eigenen Songs und übten. »Wir wussten eigentlich gar nicht, was wir von Hamburg zu erwarten haben. Wir wussten nur: Wer im Star-Club auf der Bühne steht, ist wer.«

Ein Mitarbeiter von Star-Club-Boss Manfred Weissleder holte sie am Bahnhof ab und brachte sie ins Hotel Pacific, wo sie eine halbe Stunde hatten, um sich frisch zu machen, und dann ging es vom Hotel im Taxi zur Schmuckstraße, wo die alte katholische Kirche steht. »Ich war sehr katholisch und dachte mir: Wow, die haben sogar eine Kirche hier! Als wir um die Ecke gingen, sahen wir dann aber die ganzen Striptease-Läden«, erinnert sich Mary. »Die meisten Bands spielten Abend für Abend Sets von einer Stunde, ruhten sich aus und spielten noch eins und noch eins. Wir dagegen mussten nur 45 Minuten ran – und das zur allerbesten Zeit. Ich war nämlich erst siebzehn, die anderen Mädchen achtzehn. Ich hatte mir in Großbritannien auch erst eine richterliche Erlaubnis besorgen müssen, dass ich in Hamburg arbeiten durfte, bevor wir die Reise antraten. Wenn alle Minderjährigen um zehn den Laden verlassen mussten, war ich auch weg. So bekamen wir den besten Slot für Auftritte von neun bis viertel vor zehn. Zehn Minuten vor zehn klingelte es, und dann wurden wir zum Hotel zurückeskortiert. Natürlich haben wir uns dann heimlich wieder davongemacht«, erzählt Sylvia von den damals gültigen Altersbeschränkungen, die im Fall des zur falschen Uhrzeit auf der Reeperbahn aufgegriffenen 17-jährigen George Harrison sogar zu einer Ausweisung führten. »Die Liverpooler Bands schwärmten alle von Hamburg, was natürlich auch an den Groupies lag. Es gab aber auch männliche Groupies. Wir wohnten im Hotel Pacific, und die Männer standen bei schönem Wetter draußen Schlange für uns. Ihre Autos waren vor dem Hotel geparkt. Wir überlegten dann, welche von denen uns am besten zum Timmendorfer Strand bringen würden. Es war wunderbar. Manche schliefen auch nur für ein Autogramm vor dem Hotel.«

Eines Tages traten die *Liverbirds* sogar mit Chuck Berry in Berlin auf. »Wir sind damals von Hamburg nach Berlin geflogen, was ja im Linienflug schon lange nicht mehr geht. Als wir dort ankamen, teilte man uns

»Es gab aber auch männliche Groupies. Wir wohnten im Hotel Pacific, und die Männer standen bei schönem Wetter draußen Schlange für uns. Ihre Autos waren vor dem Hotel geparkt. Wir überlegten dann, welche von denen uns am besten zum Timmendorfer Strand bringen würden. Es war wunderbar. Manche schliefen auch nur für ein Autogramm vor dem Hotel.«

mit, dass wir keine Chuck-Berry-Songs spielen dürften, weil er der Star des Abends war. Dummerweise waren die meisten Songs unseres Sets von Chuck Berry. Wir hatten zwei Auftritte von je zwanzig Minuten. Den ersten Part bekamen wir ohne Berry-Songs hin, aber als wir dann ein zweites Mal auf die Bühne gingen, dachten wir nur: Der kann uns mal! Und legten los mit ›Roll over Beethoven‹. Da kam Chuck Berrys Manager auf die Bühne gelaufen und rief »Stop! Stop!« Valerie hat ihn einfach von der Bühne geworfen. Wir spielten weiter, und das Publikum schrie »Yeah!«. Chuck Berry drehte durch. Als wir am Tag danach nach Hamburg zurückgekehrt waren, rief Manfred uns im Hotel an und sagte, dass Chuck Berrys Manager ihn angerufen habe und wir reden müssten. Also trafen wir uns in seinem Büro, das über dem Star-Club war. Wir dachten, er würde uns nun nach Hause schicken, aber stattdessen verkündete er, dass Berrys Manager angeboten hatte, uns in Amerika groß rauszubringen. Allerdings warnte uns Weissleder: ›Mädchen, in Las Vegas müsst ihr Oben-Ohne auftreten.‹ Wir antworteten ihm, dass wir das auf keinen Fall tun würden. Aber Weissleders Geschichte war natürlich Unsinn. Die Leute standen vom Star-Club bis runter zur Reeperbahn Schlange, um uns zu sehen. Und natürlich wollte Manfred wohl einfach verhindern, dass wir weggehen.«
Die *Liverbirds* spielten dann letztlich von 1964 bis 1967 im Star-Club. Danach kamen Männer, Kinder – und ihre Wege trennten sich. Da waren sie erst Anfang zwanzig und hatten bereits eine echte Rock-,n'-Roll-Karriere hinter sich. Mary heiratete den Musiker Frank Dostal, bekam zwei Kinder und lebt immer noch in Hamburg. Sylvia lebte mit ihrem Mann lange in Spanien und wohnt jetzt in Glasgow. Pam und Valerie sind nicht mehr am Leben. Unlängst wurde die Karriere der *Liverbirds* in Liverpool sogar als Musical auf die Bühne gebracht. Ihre Geschichte geht weiter.

THE LIVERBIRDS

LOOP DE LOOP / BO DIDDLEY IS A LOVER

7" Single, mono
Star-Club Records, 1966
Discogs Durchschnittspreis: € 30,00
Foto: k.A.
Design: k.A.
Location: Alster, Harvestehude

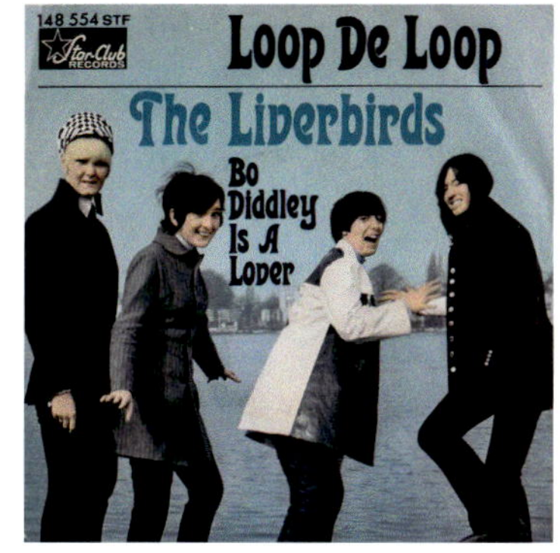

JIMI HENDRIX
PURPLE HAZE

Mitte der Sechzigerjahre ging ein Gespenst um in der Bundesrepublik Deutschland: die Gammler. Der *Spiegel* schrieb 1966 in einer Titelgeschichte (Ausgabe 39): »Sie sorgen nicht um ihr Leben und erstreben keinen persönliche Besitz.« »Es sind in Deutschland nur 800 oder tausend an der Zahl; 5000 etwa in Europa.« »Langhaarig, trinkfest, schmuddelig, gleichgültig, lungern sie an den Ecken der Nation: Am Ohr oder um den Hals blechernes Geschmeide, um die Hüften zerfranste Jeans, an jedem Fuß eine andersfarbige Socke, eher aber noch ohne Strümpfe und Schuhe.« Die Alten verstanden die Welt nicht mehr, denn eine Generation spielte nicht mehr nach den Regeln. Der Aufstand begann beim Friseur. Natürlich war nicht jeder Langhaarige ein Gammler, aber die Unfrisierten standen grundsätzlich im Verdacht, staatszersetzend zu sein: Tagediebe, Nichtsnutze und irgendwie Halbstarke.

Auch in Hamburg hatten es Langhaarige in jenen bewegten Zeiten nicht leicht. So wie in Berlin, München, Frankfurt oder Köln wurden sie in der Öffentlichkeit böse angeschaut, bespuckt, beschimpft und manchmal sogar tatsächlich verprügelt. Es war die Ära, in der Studenten weltweit auf die Straße gingen, um das Establishment herauszufordern. Einen Soundtrack hatten sie auch: *Rolling Stones, Beatles, Doors* und Jimi Hendrix. Alles Langhaarige.

Der Pressechefin der Hamburger Plattenfirma Metronome Records waren die Langhaarigen ebenfalls zutiefst suspekt, und deshalb bat sie Günter Zint immer wieder um Beistand. »Die Plattengesellschaften konnten mit den ganzen Langhaarigen, die sie unter Vertrag hatten, generell nicht viel anfangen. Sie verdienten nur Geld mit denen und waren immer froh, wenn sie jemanden aus der Szene kannten, der sich um die Leute gekümmert hat«, erinnert sich der Fotograf.

»I am not going back to that shit hotel. I am staying here«, lud sich Jimi Hendrix bei Günter Zint zur Übernachtung ein – und blieb drei Nächte lang auf der Couch des Fotografen.

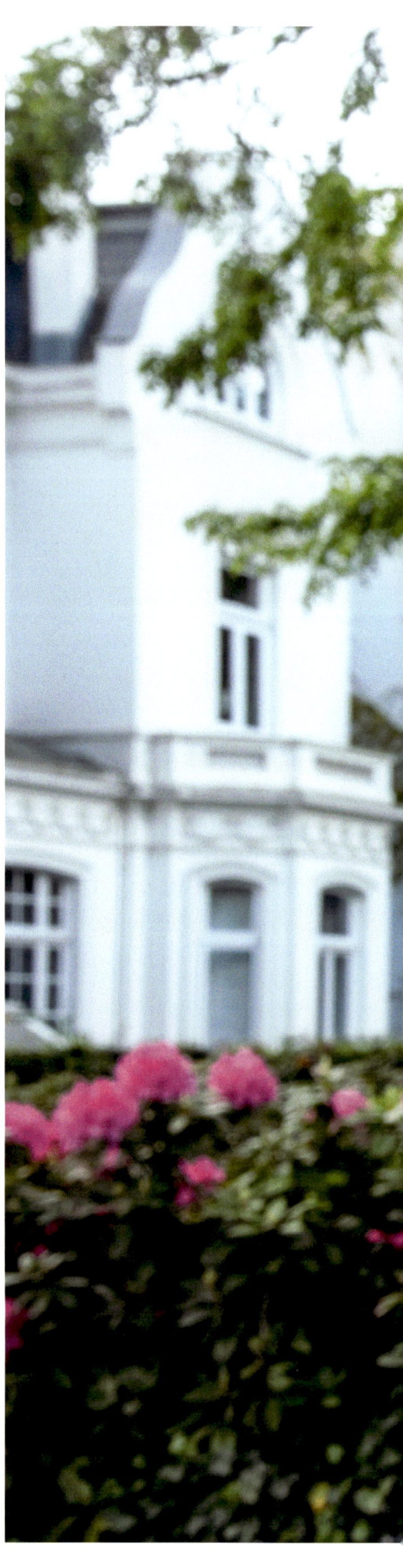

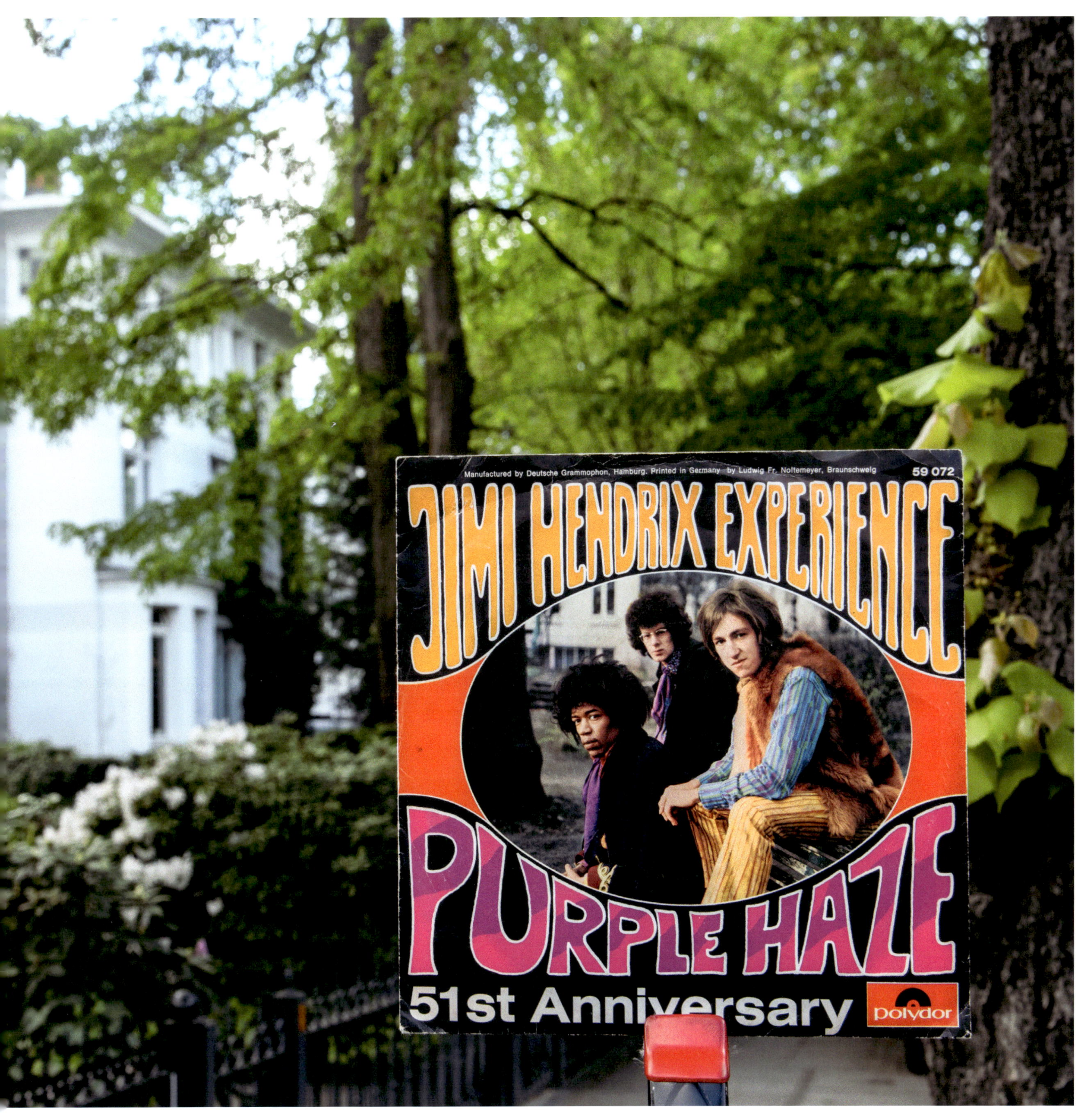
Manufactured by Deutsche Grammophon, Hamburg. Printed in Germany by Ludwig Fr. Noltemeyer, Braunschweig
59 072
JIMI HENDRIX EXPERIENCE
PURPLE HAZE
51st Anniversary
polydor

1967

»Langhaarig, trinkfest, schmuddelig, gleichgültig, lungern sie an den Ecken der Nation: Am Ohr oder um den Hals blechernes Geschmeide, um die Hüften zerfranste Jeans, an jedem Fuß eine andersfarbige Socke, eher aber noch ohne Strümpfe und Schuhe.«

Der 1941 in Fulda geborene Bildjournalist war nach Stationen in Schweden und England in Hamburg gelandet, wo er eine Weile beim *Spiegel* arbeitete und dann als freier Fotograf loslegte. Weil Zint bald zu einer Clique um die Star-Club-Macher gehörte, galt er bei den in Hamburg ansässigen Plattenfirmen schnell als »Spezialist für Langhaarige«. James Marshall Hendrix, genannt Jimi, geboren 1942 in Seattle, fiel früh als so hochbegabt wie eigenbrötlerisch auf. Die US-Fallschirmjäger hatten ihn nach der Grundausbildung wegen offensiv zur Schau gestellter Lustlosigkeit vor die Tür gesetzt. Danach tingelte er als Musiker durch allerlei Provinzpinten kreuz und quer durch die Vereinigten Staaten von Amerika, wobei er immer wieder für verblüffte Zuhörer sorgte, die seine Fertigkeiten an der Elektrischen Gitarre bestaunten. Eine davon war Linda Keith, die damalige Freundin eines gewissen Keith Richards, die Hendrix in einem Café in Greenwich Village erlebt hatte. Davon berichtete sie Chas Chandler. Der war mal Bassist bei den *Animals* gewesen, hatte aber entschieden, die Seiten zu wechseln, und war auf der Pirsch nach geeigneten Kandidaten, die er als Manager groß rausbringen könnte. Als Chandler Hendrix begegnete, dämmerte ihm schnell, dass der sein Lottogewinn werden würde, weil der Gitarrist nicht nur ein As als Musiker war, sondern obendrein noch aussah wie ein Superstar. Es war dann auch Chandler, der seinem Klienten klarmachte, dass man Songs, wenn sie eine Chance im Radio haben sollten, auf Platten nicht so endlos strecken könne, wie der das gern auf der Bühne zelebrierte. Dann wählte der Manager den Song »Hey Joe« für Hendrix aus, arrangierte eine dreieinhalbminütige Version der Nummer und stellte Hendrix noch die Begleitmusiker Noel Redding und Mitch Mitchell alias *The Jimi Hendrix Experience* zur Seite.

Dieses Trio landete 1967 in Hamburg, um einige Auftritte im Star-Club zu absolvieren. Der Weltruhm war noch in einiger Ferne, und die geplante Single »Hey Joe« hatte noch nicht mal ein Coverfoto. »Ich trug damals auch lange Haare, war in der Star-Club-Szene unterwegs und bekam deshalb den Auftrag, Hendrix für das Cover von »Hey Joe« zu fotografieren. So lernten wir uns kennen. Er war ein ganz normaler Typ, damals kannte ihn ja auch noch keiner. Da hätte niemand geglaubt, dass man über Hendrix Jahrzehnte später überhaupt noch redet. Jimi hat dann bei mir übernachtet, weil er aus dem Auto-Hotel in der Lincolnstraße geflogen ist. Er hat da wohl ein bisschen laut Musik gehört, und die hatten ihn gebeten, die Musik abzustellen oder das Hotel zu wechseln. Er ist dann für das Cover von ›Hey Joe‹ zu mir gekommen, das ich damals für die Plattenfirma Metronome fotografieren sollte, sah im Fotostudio eine Stereoanlage und eine Couch und meinte: ›I am not going back to that shit hotel. I am staying here.‹ Mir war das nur recht, denn dadurch konnte ich ganz viele private Fotos von ihm machen. Anfangs mochte ich seine Musik gar nicht so sehr. Als ich dann seine Rückkopplungsgeschichten auf der Bühne erlebt hatte, war ich aber schon fasziniert von Hendrix. Er ist dann im Star-Club aufgetreten und hat da die amerikanische Nationalhymne verhohnepiepelt. Da ich politisch sehr aktiv war, fand ich das einen wunderbaren, auch ohne Worte zu verstehenden Protest. Beim Publikum im Star-Club kam das sowieso super an. Bis heute schwärmen mir Leute, die damals auch dabei waren, davon vor. Ohne ein Wort zu sagen, erzeugte Jimi auf der Bühne mit seiner Gitarre Düsenjägergeheul, Maschinengewehrgeknatter und Bombenabwürfe: Die Leute haben getobt. Er hat da drei Mal jeweils zwei Nächte lang gespielt. Ich habe keinen Auftritt verpasst«, erinnert sich Zint.

Für das Foto der Single »Hey Joe« spazierte er mit Hendrix und dessen Begleitmusikern damals um die Alster. In der Nähe des zuständigen PR-Büros in der Körnerstraße an der Außenalster entstand das hier abgebildete Motiv. Hendrix, der als eher schüchtern galt, schaut ein wenig skeptisch in die Kamera. Auch seine Kollegen blicken eher ernst. Angeblich hasste Hendrix die lila Halstücher und die Jacken der Samtanzüge, die ihnen der Manager zur Imagepflege verschrieben hatte: Sehr schön, aber an Frauen sähe das wohl besser aus, soll er das Outfit grimmig kommentiert haben, fügte sich dann aber doch den Anweisungen Chandlers. »Hendrix wurde an der Alster von niemandem erkannt, weil er noch völlig unbekannt war. Seine erste Platte ist ja erst wenige Wochen nach diesem Besuch in Hamburg rausgekommen. Ich wurde dann noch von der Metronome beauftragt, eine Pressekonferenz für Hendrix zu organisieren, wo er seine Platte vorstellen sollte. Die habe ich im ›Danny's Pan‹ gemacht, einem Folklore-Club am Berliner Tor, der mir zur Hälfte gehörte.
Ich erinnere mich bis heute, dass da ein Hamburger Journalist fragte: ›Herr Hendrix, was machen sie eigentlich mit dem vielen Geld, das sie nun verdienen?‹
Hendrix guckte verblüfft seinen Manager an und fragte: ›Do we make money?‹ Hendrix ließ Geld kalt, er hat sich darum keine Gedanken gemacht. Der war einfach einer dieser Musiker, mit denen ich abends mein Bier getrunken habe. Wenn ich ihnen Fotos mitbrachte, haben sie mein Bier bezahlt. Ich bin über seinen Manager Chas Chandler mit ihm in Kontakt geblieben, habe später noch ein Hendrix-Konzert in London fotografiert und den letzten Auftritt auf Fehmarn, zehn Tage bevor er tot war.«

JIMI HENDRIX EXPERIENCE
PURPLE HAZE

7" Single, mono
Purple Haze / 51st Anniversary
Track Record, 1967
Discogs Durchschnittspreis: € 10,00
Foto: Günter Zint
Design: k.A.
Location: Körnerstraße, Winterhude

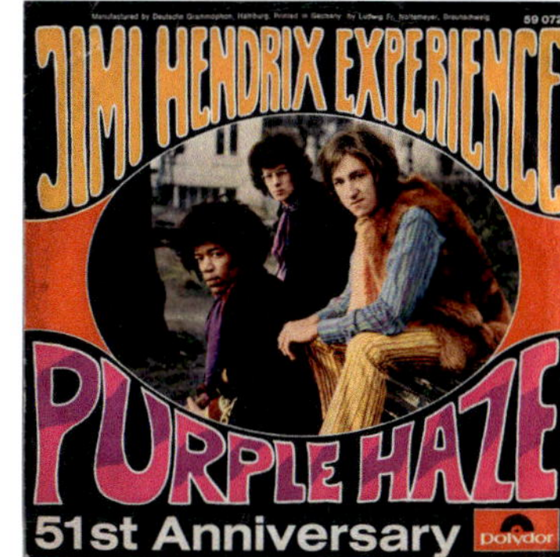

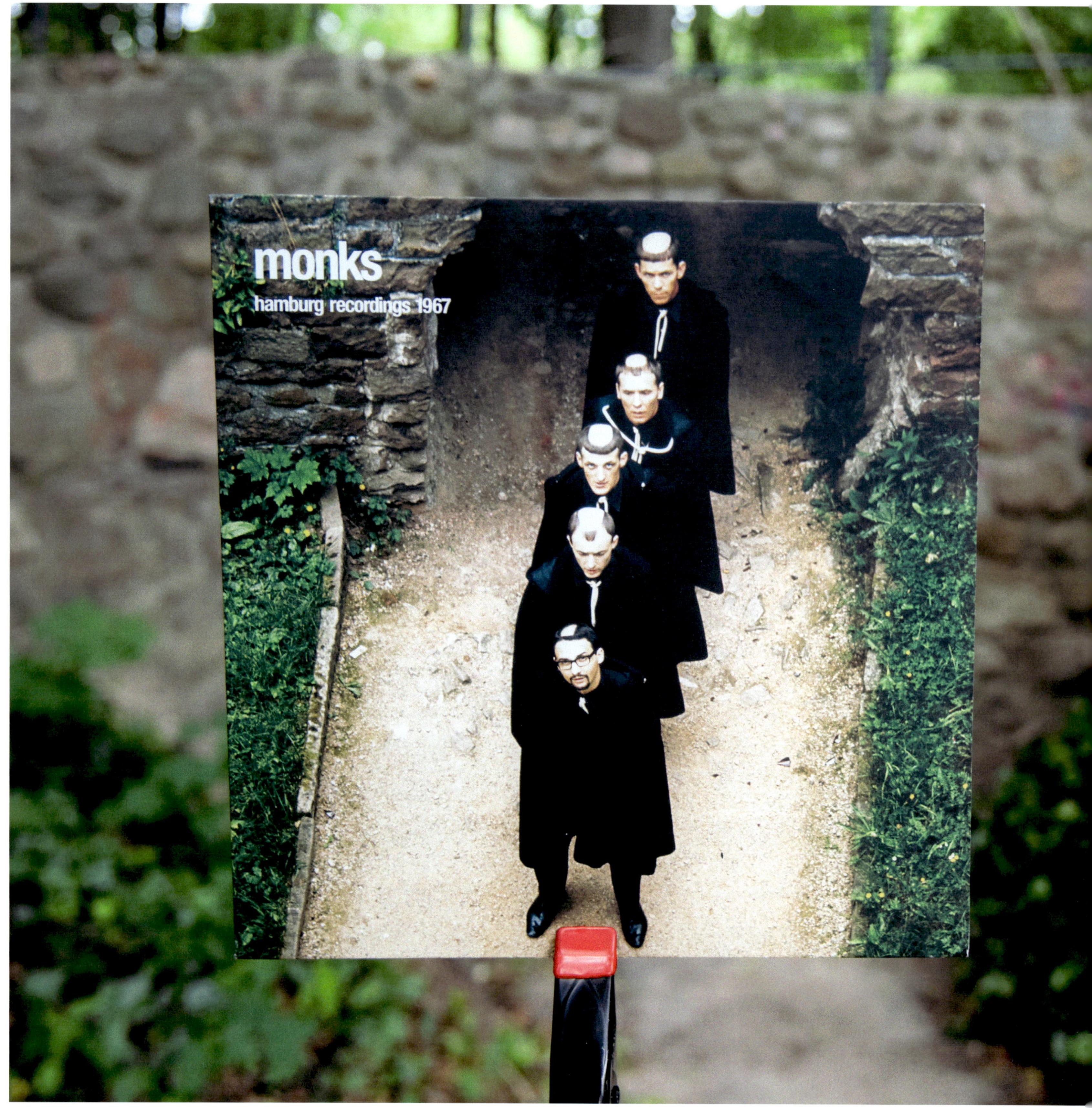
monks
hamburg recordings 1967

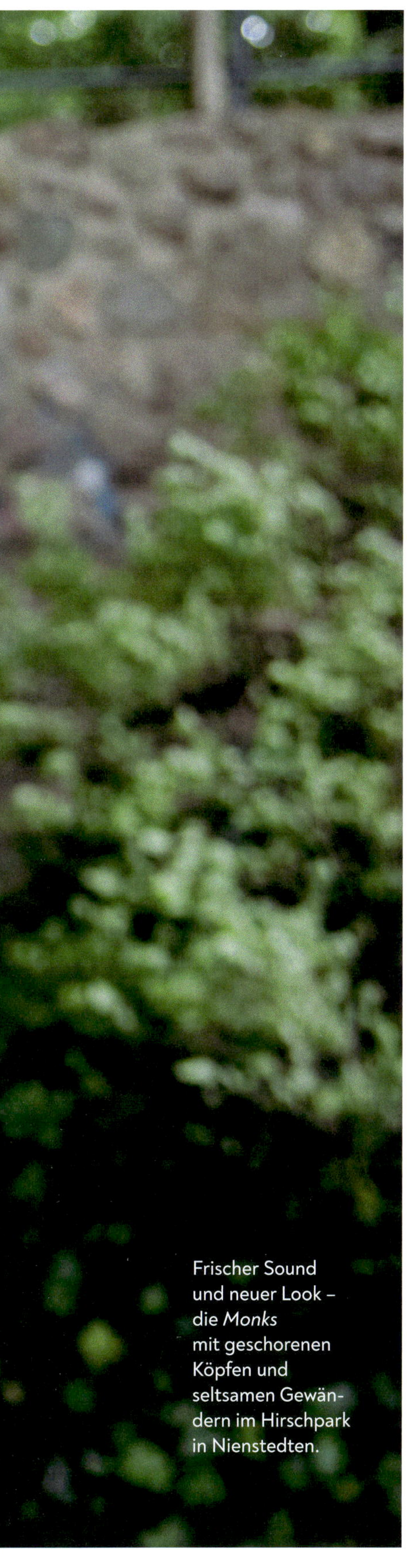

Frischer Sound und neuer Look – die *Monks* mit geschorenen Köpfen und seltsamen Gewändern im Hirschpark in Nienstedten.

THE MONKS
HAMBURG RECORDINGS 1967

Es kann schon mal Jahrzehnte dauern, bis Musiker, die lange kaum bemerkt wurden, plötzlich als Legenden gefeiert werden. Die *Monks* waren so eine Band. Vermutlich haben sich Gary Burger, Larry Clark, Eddie Shaw, Dave Day und Roger Johnston zu Beginn dieses Jahrtausends verwundert die Augen gerieben, als ihnen dämmerte, dass sie mittlerweile als Pioniere gelten. Ihre Geschichte beginnt in den frühen Sechzigern in der Nähe von Heidelberg, wo die fünf amerikanischen Soldaten stationiert sind. Sie starten als verhältnismäßig brave Beatband, die in Bars die Hits prominenter Kollegen nachleiert.
In einer dieser Nächte überkam sie die Freude an seltsamen Klängen, Rückkopplungen und Elektronik. Zum frischen Sound gesellte sich ein neuer Name – *The Monks* – und ein neuer Look: geschorene Köpfe zu seltsamen Gewändern. So wurden sie bei der in Hamburg ansässigen Plattenfirma Polydor vorstellig, wo man allerdings reserviert war und vorschlug, dass die Band erst mal eine Weile – auf St. Pauli im Top Ten – ihr Handwerk verfeinern müsse, so wie einst die *Beatles*. Dort führten die *Monks* dann also in ihren schwarzen Kutten viele Nächte lang ihren kühnen Avantgarde-Noise-Beat auf und ließen sich im Viertel auch für dieses Cover ablichten. Das fabelhafte Album »Black Monk Time«, das sie damals einspielten, wurde kaum beachtet, und irgendwann kehrten die Ex-Soldaten in die USA zurück. Über die Jahre wurde diese Platte allerdings zum Kultalbum und fand prominente Fans wie die *Beastie Boys* und Jack White. Der veröffentlichte dann bei seiner Firma Third Man Records ein paar übrig gebliebene Songs aus Hamburg. Das hier abgebildete Cover zeigt die Mönche im idyllischen Hirschpark zu Blankenese, wo sie sich damals vermutlich von all dem selbstproduzierten Lärm erholten.

THE MONKS
HAMBURG RECORDINGS 1967

Third Man Records, 1967, 2017
Discogs Durchschnittspreis: € 8,00
Foto: k.A.
Design: Rex Runyon
Location: Hirschpark, Nienstedten

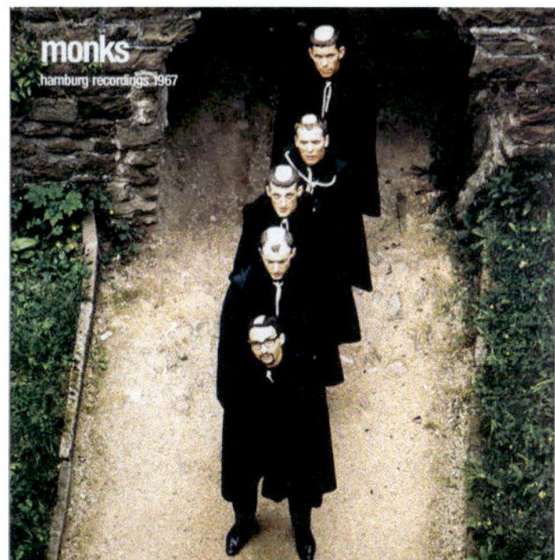

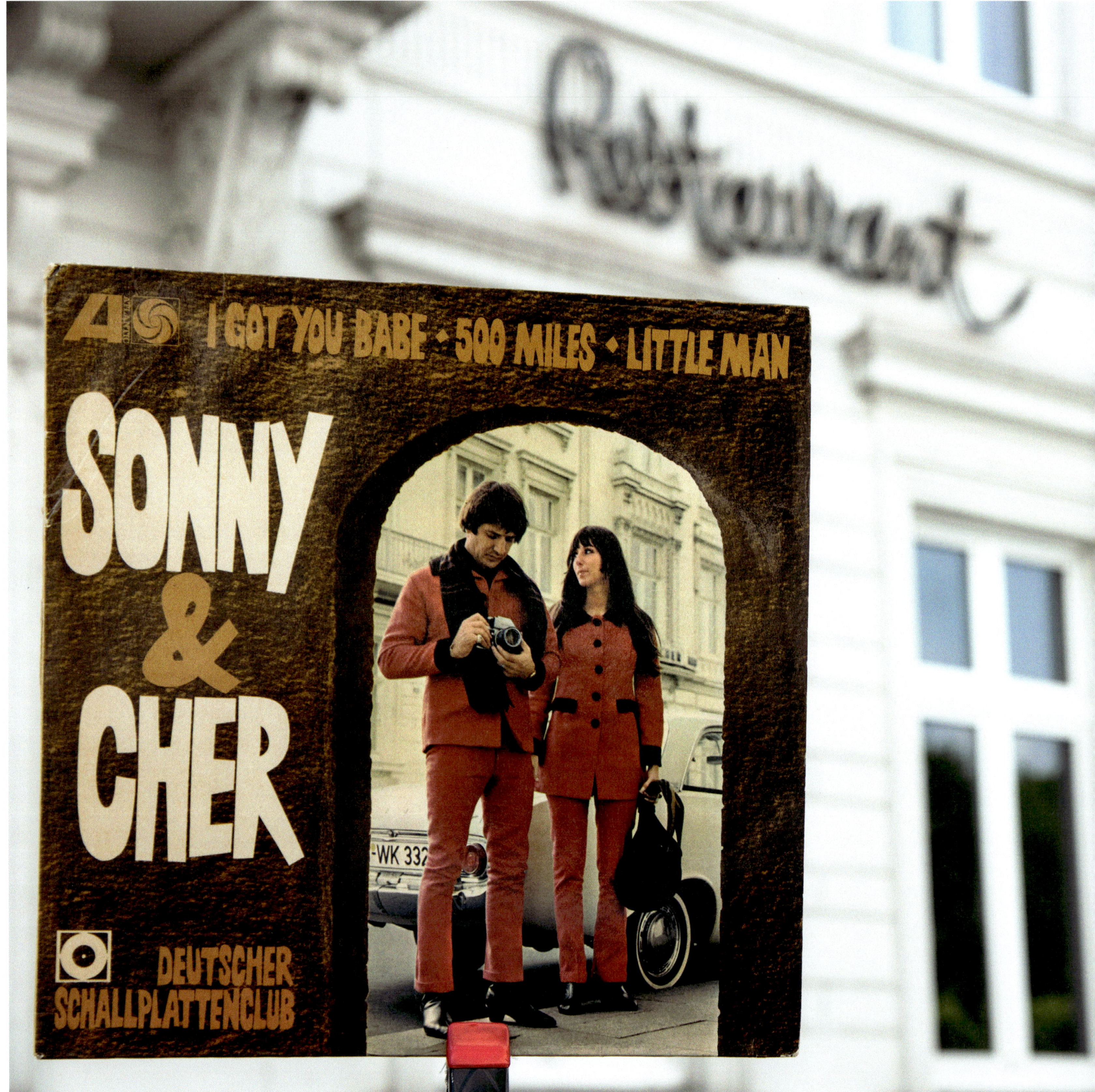
Restaurant
I GOT YOU BABE · 500 MILES · LITTLE MAN
SONNY
&
CHER
DEUTSCHER
SCHALLPLATTENCLUB

SONNY & CHER
SONNY & CHER

Sonny & Cher posen nach einer Shoppingtour mit ihren Neuerwerbungen vor dem Hotel Atlantic an der Alster.

In manchen Hotels der gehobenen Kategorie tut sich das Personal immer mal wieder schwer mit Musikern die, nun ja, nicht so aussehen, als würden sie dort hingehören. Als einst Neil Young unrasiert mit Hut und Poncho und grimmigem Blick in die Eingangshalle des Atlantic Hotels marschierte und aussah, als habe er in diesen Klamotten drei Wochen lang in einer Scheune geschlafen, wurde er vom Personal ziemlich verblüfft begutachtet, aber letztlich doch so behandelt, wie mit berühmten Multimillionären in Luxus-Hotels eben umgegangen wird.
Es gab auch schon Künstler, die verwundert berichteten, dass sie groß angeschaut wurden, als sie mit Jeans das Foyer des Vier Jahreszeiten betraten. Zugegeben, lange her, allerdings auch wieder nicht ganz so lange.
Was dann in den Hotels, den Zimmern und Suiten über die Bühne geht, bleibt aber meistens ein Geheimnis. Ein Jammer, denn es gibt tatsächlich gar nicht so wenige Künstler mit Wünschen, nun ja, Forderungen, der besonderen Art. So ist zum Beispiel gesichert überliefert, dass eine weltberühmte Sängerin in Hamburg mal den Boden ihrer Hotelsuite herausreißen ließ, damit dort ein bestimmtes Holz verlegt werden konnte, das ihren zarten Füßen beim Ballettüben genehmer war als das vorhandene. Und dann war da noch der Hip-Hop-Superstar, der, an einem glühend heißen Hochsommertag, verlangte, dass seine Suite auf Minusgrade heruntergekühlt werde. Warum das alles? Einfach so. Weil sie es können.

1967

»Abends wollte Cher in einem roten Hosenanzug in die Bar. Da kam ein Concierge und sagte: ›Meine Dame, hier dürfen keine Hosen getragen werden.‹ Daraufhin hat die Plattenfirma einen Extraraum im Atlantic gemietet – und dort durfte jeder tragen, was er wollte.«

Natürlich gibt es auch harmlos durchgeknallte Wünsche wie den der alten Rocker, die sich stets Schalen mit M&M-Schokolinsen aufs Zimmer stellen lassen, wobei die »roten« vorher vom Zimmerservice aussortiert werden müssen! Vermutlich könnten die Angestellten der gehobenen Hamburger Hotellerie Unmengen solcher Sonderwunschgeschichten zum Besten geben, was sie aber natürlich nicht dürfen, weil sie zur Verschwiegenheit verpflichtet sind. So sind die wenigen Berichte, die dann doch ab und zu durchsickern, besonders kostbar.
Wobei sich die schönen Geschichten auf die exquisiten Häuser beschränken, denn in den Absteigen, in denen die weniger erfolgreichen Künstler unterkommen, gehört das Wort »Sonderwünsche« eher nicht zum Vokabular des Personals. Und wer will schon Erzählungen von kleinen Tierchen im Bett und Wänden aus Pappe hören?
Cher ist übrigens nicht für aberwitzige Sonderwünsche berühmt, sie soll allerdings mal ein Zimmer nur für ihre zahlreichen Perücken gebucht haben. Das ist aber nur ein Gerücht.
Cherilyn Sarkisian, der Einfachheit halber Cher genannt, war grade sechzehn, als sie 1962 Salvatore Bono, 27, in einem Coffeeshop in Los Angeles kennenlernte. Als die Tochter eines US-Armenischen Lastwagenfahrers auf den Sohn eines sizilianischen Auswanderers traf, hatte sie die Schule abgebrochen, nahm Schauspielunterricht und finanzierte ihren Lebensunterhalt, indem sie am Sunset Strip in zwielichtigen Spelunken halbnackt für alte Knaben tanzte. Was die beiden verband, war ihr brennender Ehrgeiz, im Leben voranzukommen, es zu was zu bringen. Als sie sich begegneten, war Sonny bereits auf dem Weg zu einer Karriere. Damals diente er dem durchgeknallten Produzenten-Superstar Phil Spector als Mädchen für alles. Sonny machte Cher mit Spector bekannt, der ihr Talent umgehend erkannte und sie als Backgroundsängerin bei Hits wie »Be My Baby« von *The Ronettes* oder »You've Lost That Lovin' Feeling« von den *Righteous Brothers* einsetzte. Allerdings sang sie immer so laut und kraftvoll, dass Spector sie bat, einige Meter hinter den anderen Sängern zu stehen, damit sie den Chor nicht übertönte.
Weil Cher selbstverständlich selber ins Rampenlicht drängte und Bono ebenso ehrgeizig war, machten sich die beiden dann selbstständig. Als Sonny & Cher waren sie mit Hits wie »I Got You Babe«, »Baby Don't Go« und »Little Man« weltweit erfolgreich.
Als Sonny & Cher 1965 nach Hamburg kamen, waren sie auf dem Höhepunkt ihrer Karriere und für einen TV-Auftritt in Bremen im angesagten »Beat Club« mit Uschi Nerke gebucht worden. Da ihnen die Hotels dort aber wohl nicht standesgemäß schienen, stiegen die beiden stattdessen im Hamburger Atlantic Hotel ab.
Der Fotograf Günter Zint begleitete das Duo damals. Sein Porträt, das später auf der hier abgebildeten Plattenhülle landete, zeigt das Glamour-Paar nach einem Einkaufsbummel mit Zint vor dem Eingang ihres Hotels. Der Fotograf war mit dem ebenfalls von der Fotografie begeisterten Sonny Bono in der Mönckebergstraße bei einem großen Fotohaus »Shoppen« gewesen: »Bei den teuren Kameras guckte er hauptsächlich auf den Preis und kaufte sich für drei-, viertausend Mark Nikon-Kameras. Ich habe ihn so beneidet, denn so was Schickes hatte ich damals natürlich noch nicht. Und er konnte damit nicht mal richtig umgehen.« Erinnerte sich Zint später. Was herrlich zu seinem feinen Porträt des Duos passt: Beide ganz in rot, Sonny Bono, der Chef, blickt konzentriert, aber auch ein wenig rätselnd auf die neue Kamera in seinen

Händen, während Cher, so jung sah sie selten auf Fotos aus, schüchtern den Blick in die Ferne, vermutlich die Alster, schweifen lässt.
Im etwas steifen Atlantic Hotel war man dann mit den zwei Hipstern aus Los Angeles auch zeitweilig überfordert. Schon ihre Garderobe irritierte das Personal: »Abends wollte Cher in einem roten Hosenanzug in die Bar. Da kam ein Concierge und sagte: ›Meine Dame, hier dürfen keine Hosen getragen werden.‹ Daraufhin hat die Plattenfirma einen Extraraum im Atlantic gemietet – und dort durfte jeder tragen, was er wollte«, erinnert sich wiederum Günter Zint. Der Fotograf verstand sich jedenfalls mit den beiden Popstars so fabelhaft, dass die ihn anschließend zu sich nach Amerika einluden. Den Flug übernahmen selbstverständlich die Künstler.
In den USA traten Sonny & Cher übrigens auch ausgiebig in Hotels auf, insbesondere im Sahara Hotel am Sunset Strip, wo einst Frank Sinatra, Dean Martin, Sammy Davis Jr., Liza Minnelli und Marlene Dietrich auf der Bühne standen. Sonny & Cher nahmen dort zwei Livealben auf. Cher war allerdings auch in Hamburg in Gedanken vermutlich bereits ganz weit weg. Und zwar ohne Sonny. Ihre Ehe und auch ihr Duo waren bald Geschichte. Und dann legte Cher, wie vermutlich ewig von ihr erträumt, alleine los und wurde der Weltstar, der sie immer noch ist. Sonny dagegen verlor das Interesse an Musik und zog später als Senator in den amerikanischen Kongress ein. Angeblich hatte er allerlei Tabletten eingeworfen, als er 1998 bei einem Ski-Trip mit voller Wucht in einen Baum nahe der Piste rauschte und starb. Wenn Cher in diesem Jahrtausend reist, steigt sie in Hamburg vielleicht immer noch im Hotel Atlantic ab. Über exzentrische Wünsche der Künstlerin ist aber weiterhin nichts bekannt.

SONNY & CHER

SONNY & CHER

Deutscher Schallplattenclub, ATCO, 1967
Discogs Durchschnittspreis: € 9,90
Foto: Günter Zint/panfoto
Design: Werner G. Krüger
Location: Hotel Atlantic, St. Georg

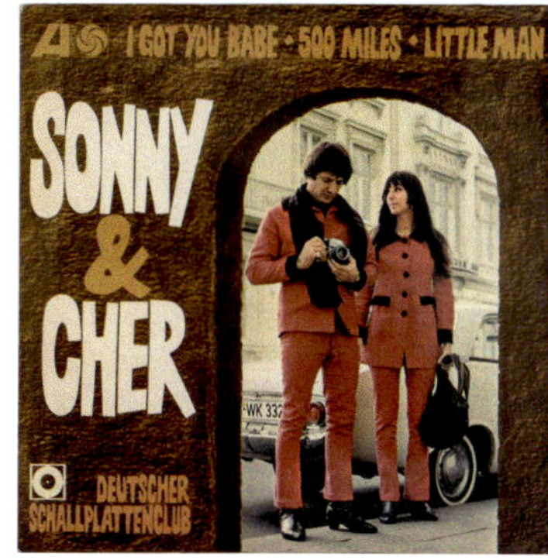

1972

HOTEL ATLANTIC
BALL DER ÄRZTE

Hat nicht jeder schon mal davon geträumt, einen Fernseher einzutreten und dann aus dem Hotelfenster zu werfen? Oder zumindest eine Hotel-Suite oder auch nur ein Zimmer zu verwüsten? Die Wände mit Kaviar zu beschmieren? Die Badewanne mit Champagner zu füllen? Oder einfach nur die Bilder umzuhängen? Allerdings beschränken sich die Hotel-Exzesse der allermeisten Menschen darauf, zwei Bier aus der Minibar zu trinken, den Orangensaft bei der Abrechnung zu verschweigen und Duschgel oder Seife aus dem Bad mitgehen zu lassen. Stattdessen träumen sie davon, was andere an wilden Dingen in Hotels angestellt haben könnten.
Das Hotel Atlantic wurde 1909 nur einen Steinwurf von der Alster entfernt eröffnet. Ein glamouröser Ort, dessen 221 Zimmer und Suiten nicht nur für den James-Bond-Film »Der Morgen stirbt nie« genutzt wurden, sondern auch Größen wie Herbert von Karajan, Zarah Leander, Maria Callas, Juliette Gréco, Michael Jackson oder *Diana Ross and the Supremes* beherbergte. Udo Lindenberg, der vielleicht berühmteste Rocker der Nation, lebt sogar in diesem Hotel. Dem Vernehmen nach hat er zwei Zimmer dauerhaft angemietet und dazu ein Zimmer als Atelier für seine Malereien unter dem Dach. Allerdings ist Lindenberg ein Rockstar der dezenten Sorte. Er schläft viel, und manchmal können die anderen Hotelgäste ihm an der Hotel-Bar zuprosten. Und einen Fernseher hat Udo Lindenberg vermutlich noch nie eingetreten oder aus dem Fenster geworfen, auch wenn er in seinem Lied »Ich lieb' dich überhaupt nicht mehr« davon singt.

HOTEL ATLANTIC
BALL DER ÄRZTE

Ball der Ärzte – es spielt Franz Thon und das NDR-Tanzorchester
Geton Schallplatten, 1972
Discogs Durchschnittspreis: € 4,50
Foto: k.A.
Design: k.A.
Location: Hotel Atlantic, St. Georg

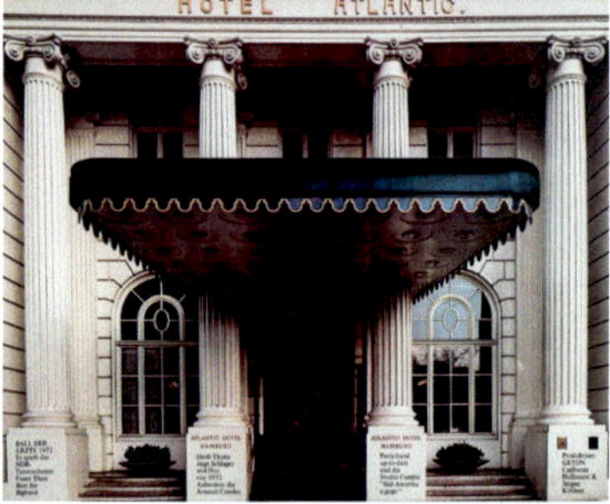

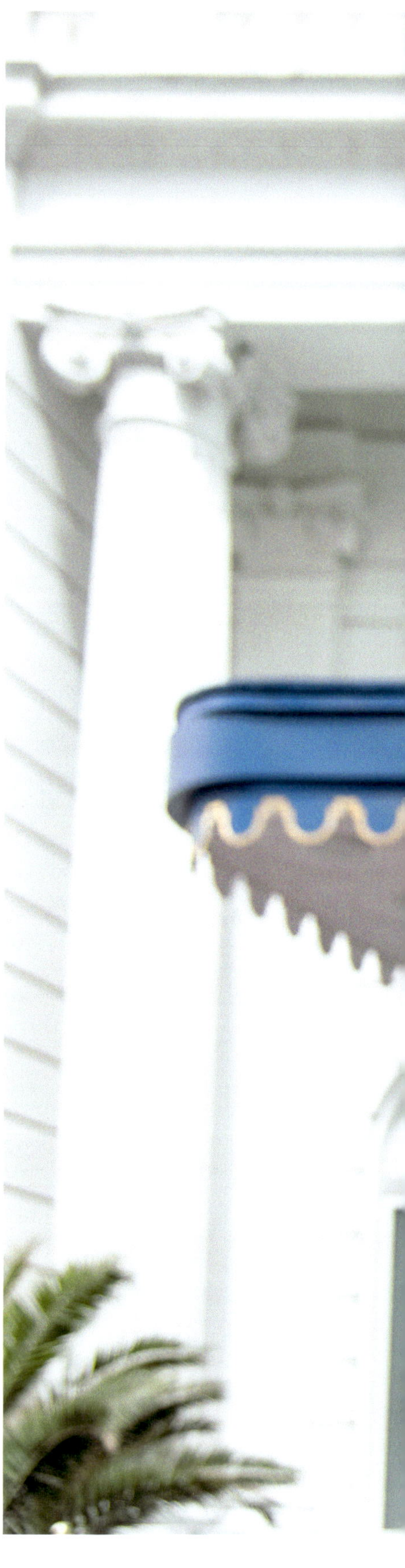

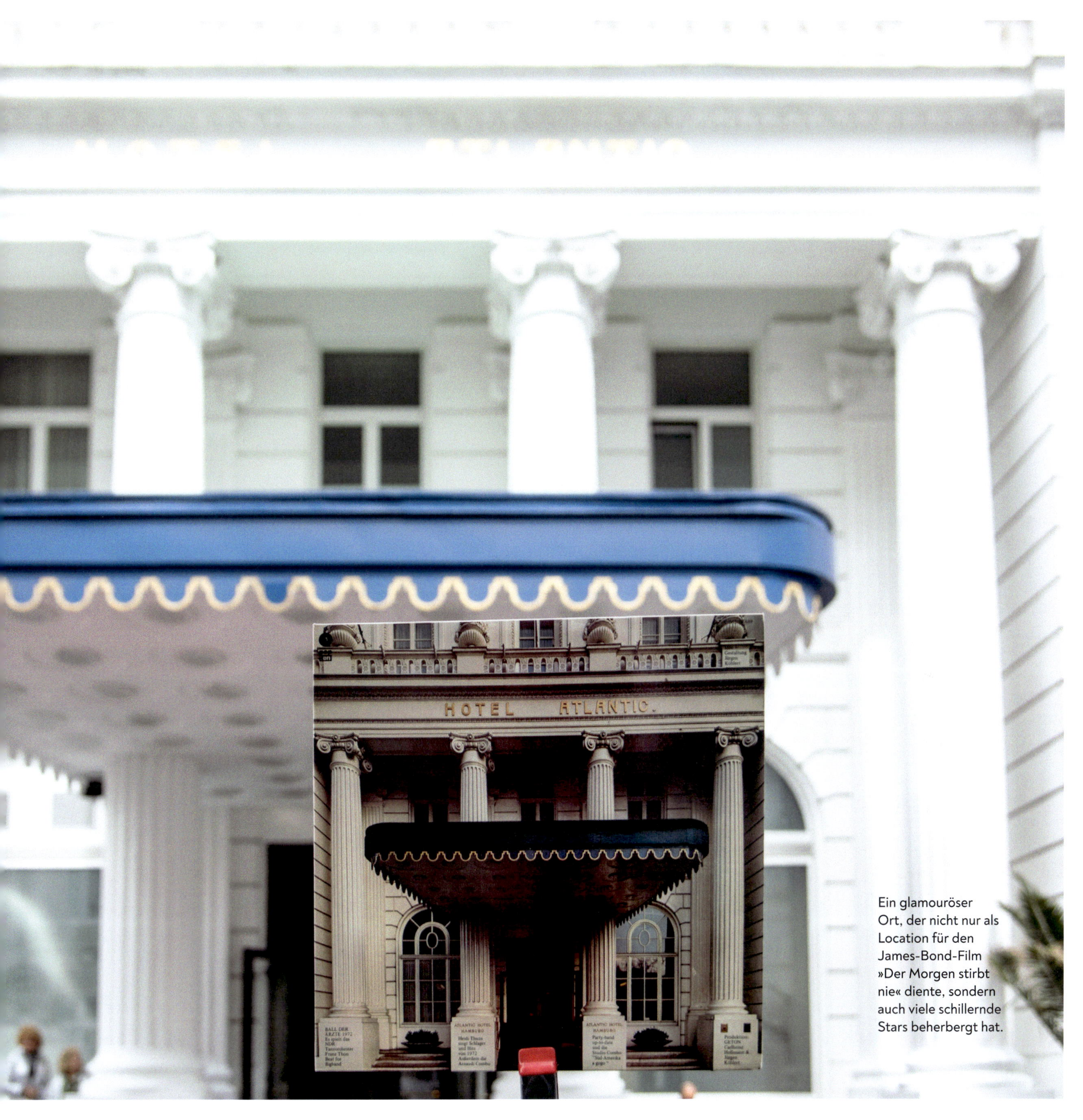

Ein glamouröser Ort, der nicht nur als Location für den James-Bond-Film »Der Morgen stirbt nie« diente, sondern auch viele schillernde Stars beherbergt hat.

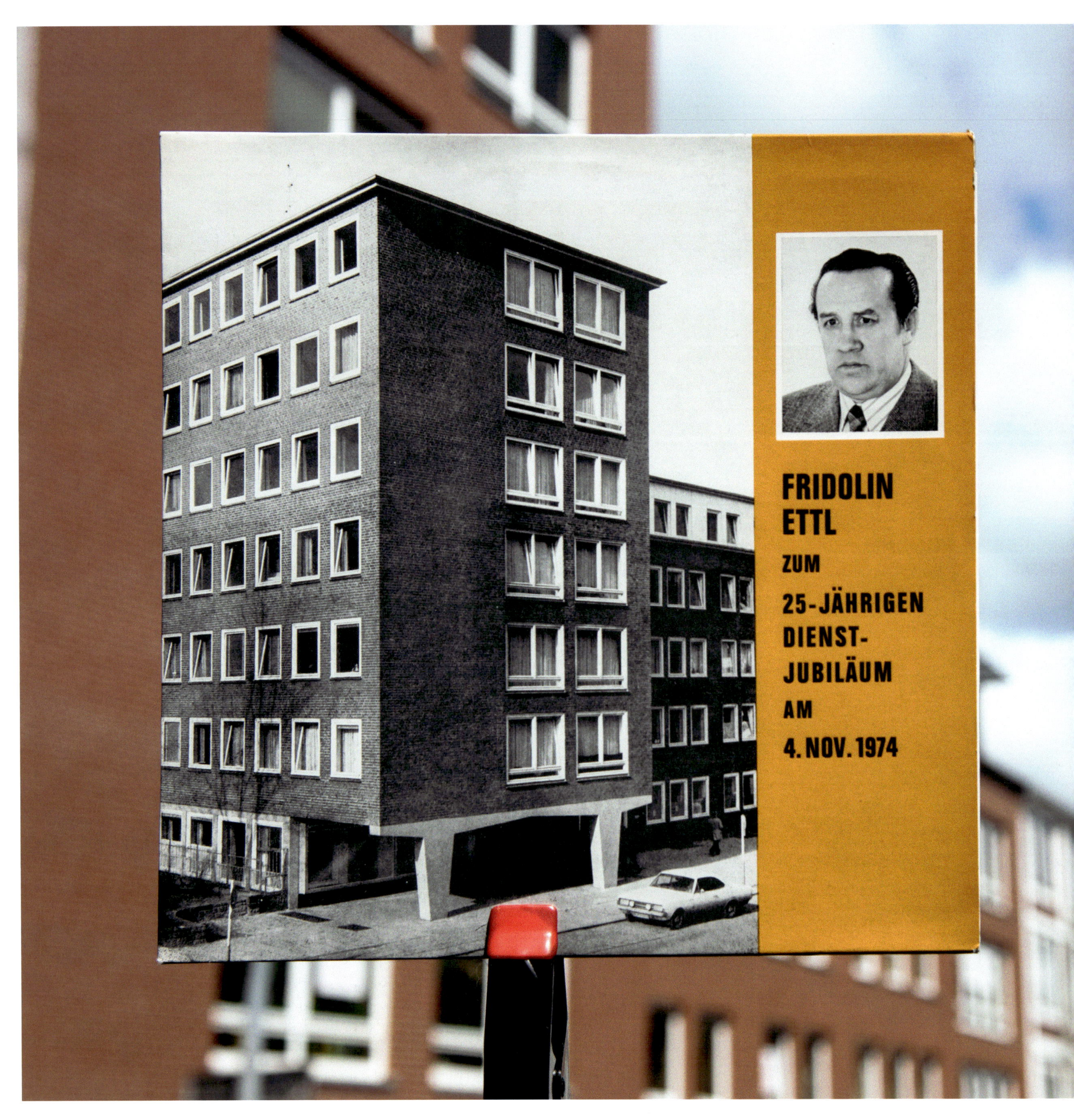
FRIDOLIN
ETTL
ZUM
25-JÄHRIGEN
DIENST-
JUBILÄUM
AM
4. NOV. 1974

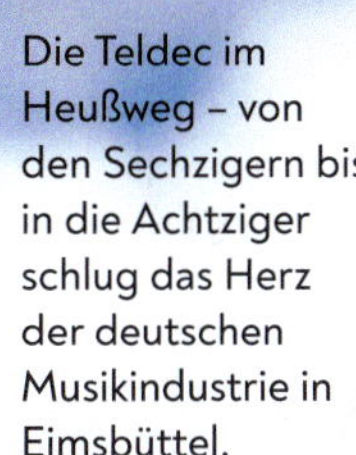

Die Teldec im Heußweg – von den Sechzigern bis in die Achtziger schlug das Herz der deutschen Musikindustrie in Eimsbüttel.

1974

FRIDOLIN ETTL **ZUM 25-JÄHRIGEN DIENSTJUBILÄUM BEI DER TELDEC**

Vermutlich ist Fridolin Ettl von Beginn an dabei gewesen, damals, als in der Hansestadt Hamburg die Musikindustrie der Nachkriegszeit so langsam in Fahrt kam. Der Mann auf der Plattenhülle, der zu seinem »25-jährigen Dienstjubiläum« eher verhalten dreinblickt, könnte bei der Teldec gearbeitet haben, der Plattenfirma, die in dem Gebäude links von ihm lange beheimatet war. Die Teldec war 1950 durch einen Zusammenschluss von Telefunken und der Decca Company entstanden und am Heußweg 25 in Eimsbüttel beheimatet, einen Steinwurf entfernt von der Osterstraße. Damals war die Musikindustrie noch kerngesund. In den Fünfzigern wurde die Langspielplatte als Kunstform entdeckt, und Teenager strömten erstmals in Massen in Schallplattenläden, um Singles mit der Musik ihrer Idole zu kaufen. Tonträger wurden also erstmals ein sehr lukratives Geschäft, und auch am Heußweg 25 (später wurde aus der Teldec »East West Records«) dürften die Angestellten goldene Zeiten erlebt haben. Praktischerweise war direkt neben der Firma eine Weile lang noch ein Plattenladen namens »Govi« zu finden. Der gehörte zu einer Kette, die in den Siebzigern und Achtzigern in Hamburg gleich mehrere Filialen betrieb, alle mit einem auffällig coolen Sortiment. Der spätere Warner-Europa-Geschäftsführer Bernd Dopp begann seine Karriere bei einer winzigen Govi-Filiale in Wandsbek. Lange her. Teldec, East West Records und Govi sind alle Geschichte. Was aus Fridolin Ettl wurde, ist nicht überliefert. Aber das Gebäude am Heußweg steht immer noch.

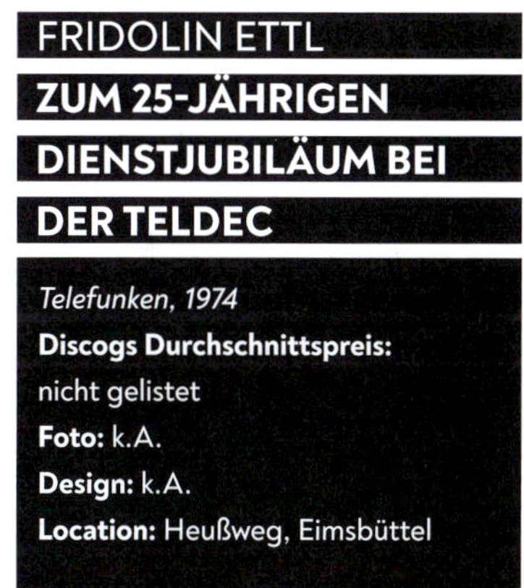

FRIDOLIN ETTL
ZUM 25-JÄHRIGEN DIENSTJUBILÄUM BEI DER TELDEC

Telefunken, 1974
Discogs Durchschnittspreis: nicht gelistet
Foto: k.A.
Design: k.A.
Location: Heußweg, Eimsbüttel

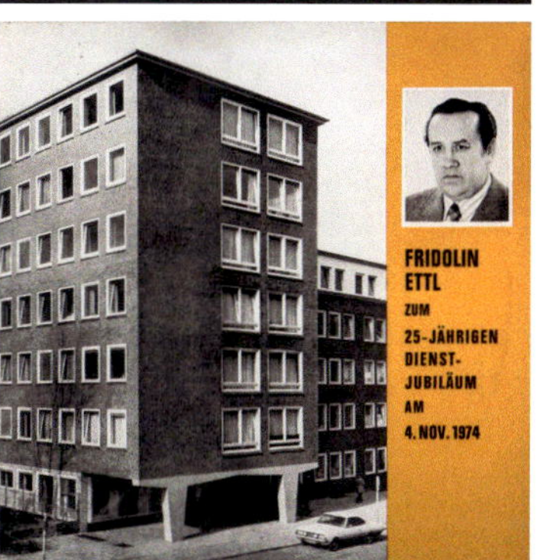

Für ihr zweites Album ließen sich die *New York Dolls* im Eingang des ehemaligen Sex-Theaters Salambo ablichten, das sich in den Siebzigern im selben Gebäude befand wie vormals der Star-Club.

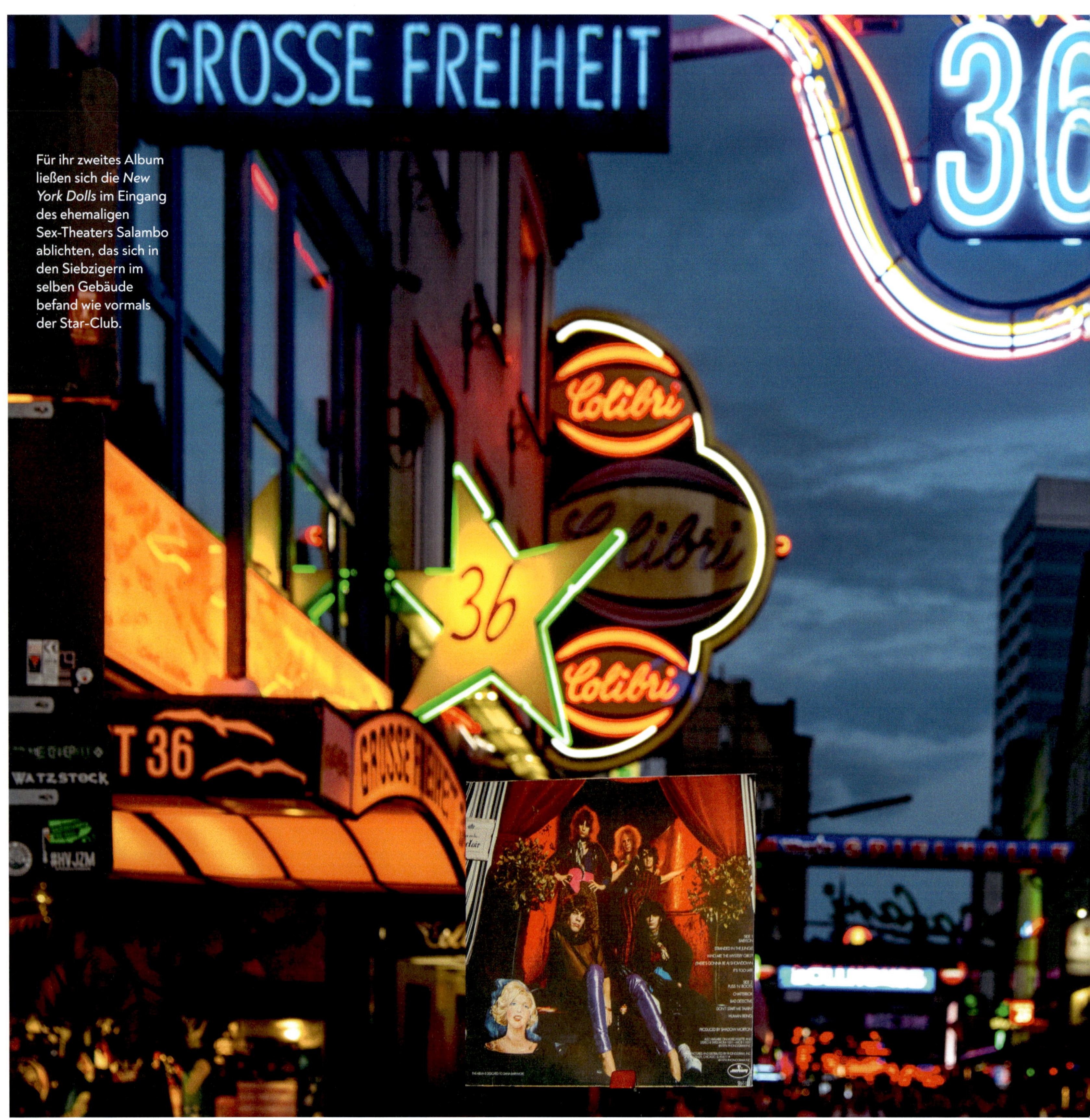

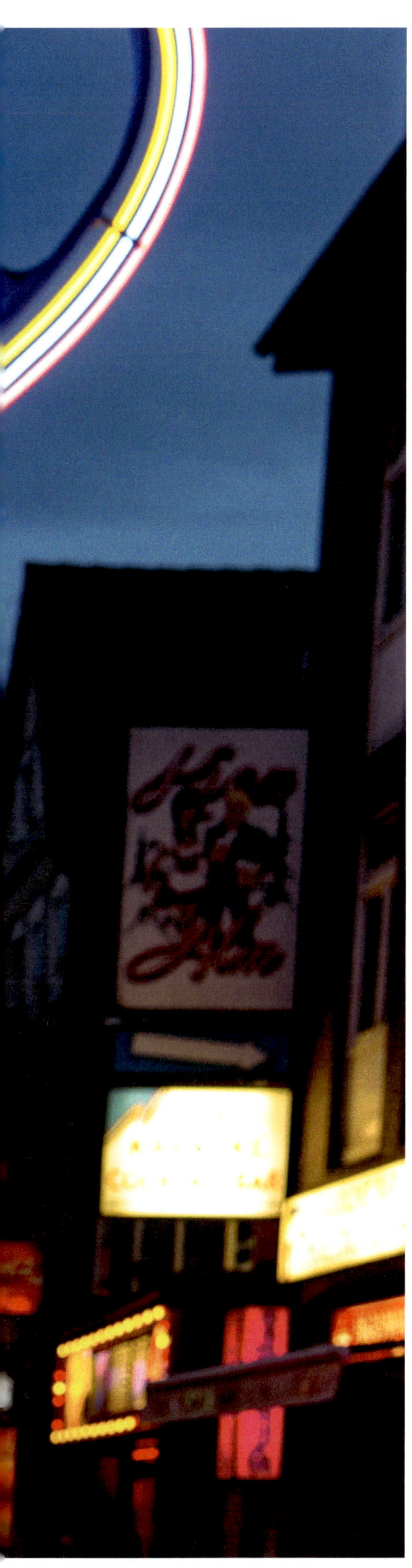

1974

NEW YORK DOLLS **TOO MUCH TOO SOON**

Für Rock ,n' Roller aus aller Welt war St. Pauli seit jeher ein Märchenland, das Abenteuer der besonderen Art versprach. Aber es war immer auch ein sehr realer Ort, an dem es tatsächlich Dinge zu sehen und zu erleben gab, von denen die allermeisten Menschen nur heimlich träumen. Das Salambo, an der Großen Freiheit Nr. 11 gelegen, war genau so ein Ort. Das 1965 von dem Franzosen René Durand als »Erotik-Theater Salambo« gegründete sogenannte »Nachtlokal« bot als erstes Etablissement auf St. Pauli echten Sex auf der Bühne. Zu allerlei Hintergrundmusik von Klassik bis Jazz wurde vor einem verblüfft-faszinierten Publikum nach allen Regeln der Kunst gevögelt. Gut, eine Rahmenhandlung gab es auch: Die Schauspieler trugen anfangs Kostüme, egal ob Weltraumanzüge oder Rokoko-Kleider. Natürlich fielen die schnell. Der Legende nach verbrauchten die Darsteller bis zu fünftausend Kondome pro Jahr. Der Verbrauch in den Separees, in denen Gäste in herzförmigen Badewannen Einzelvorstellungen bekamen, ist nicht überliefert.

Die *New York Dolls* waren eine Glamrock-Band aus eben jener Stadt. Sie kamen nie ganz groß raus, wurden aber von nachgewachsenen Kollegen wie den *Ramones*, den *Sex Pistols* oder Morrissey vergöttert. Dass diese Band, die auch für Exzesse der weit ausufernden Art stand, das Salambo zu schätzen wusste, ist nicht überraschend. Die lässig-lasziven Rocker um den singenden Dandy David Johansen ließen sich für ihr 1974 erschienenes zweites Album »Too Much Too Soon« im Salambo-Eingang ablichten. Das Salambo ist seit 1997 Geschichte. Von René Durand, der 2013 starb, ist folgendes Zitat überliefert: »Nackte sind erst interessant, wenn sie sich ausziehen – aber vorher müssen sie natürlich angezogen auf die Bühne kommen.«

NEW YORK DOLLS
TOO MUCH TOO SOON

Mercury Records, 1974
Discogs Durchschnittspreis: € 17,00
Foto: Bob Gruen, Hans G. Lehmann, Pieter Mazel
Design: Album Graphics
Location: Salambo, Große Freiheit, St. Pauli

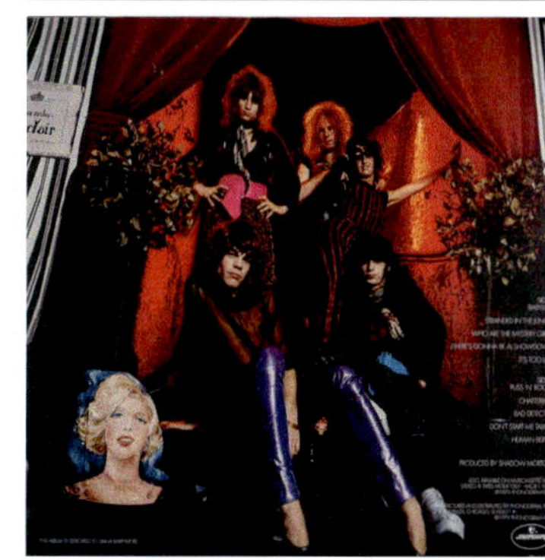

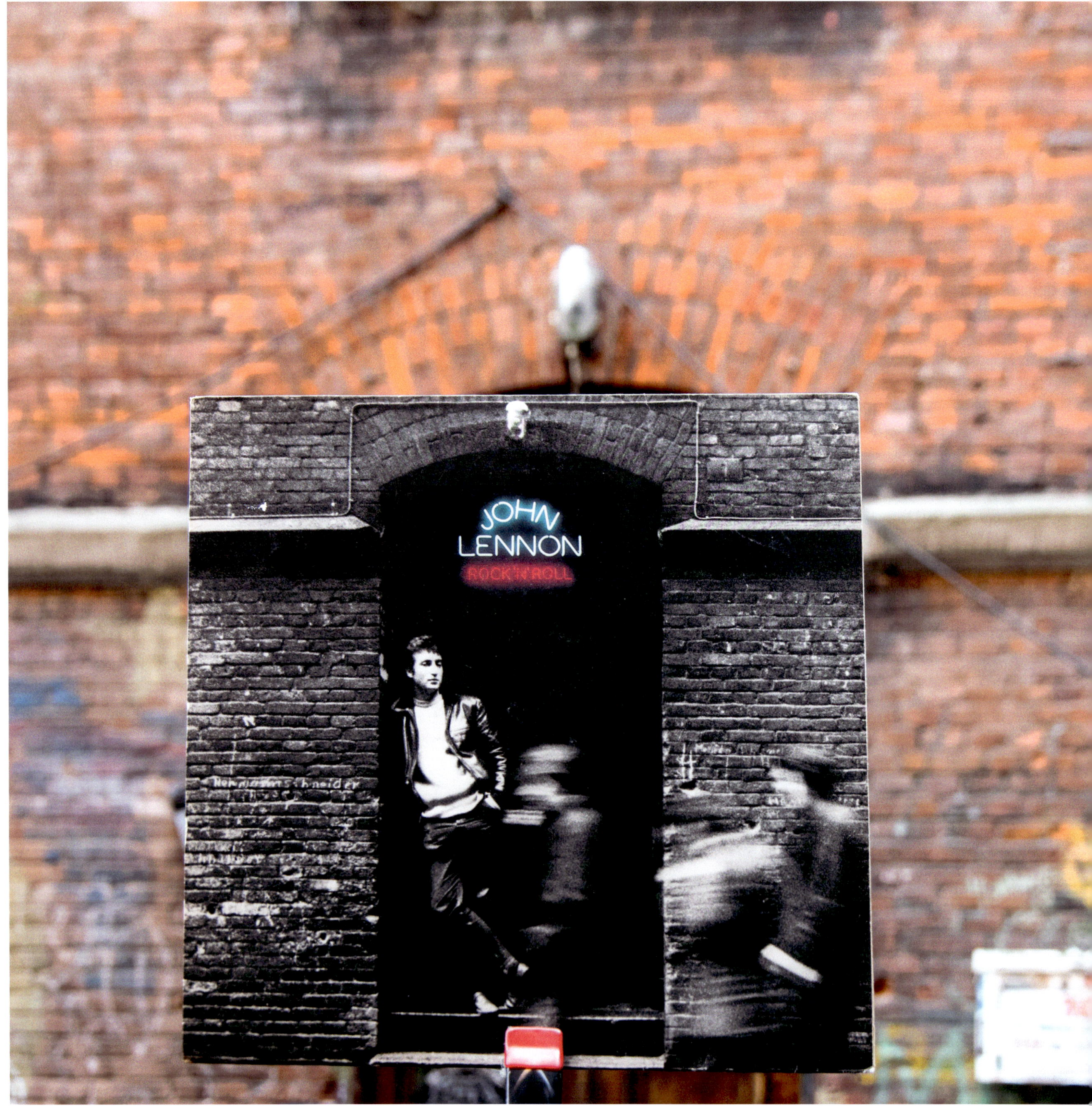
JOHN
LENNON
ROCK'N'ROLL

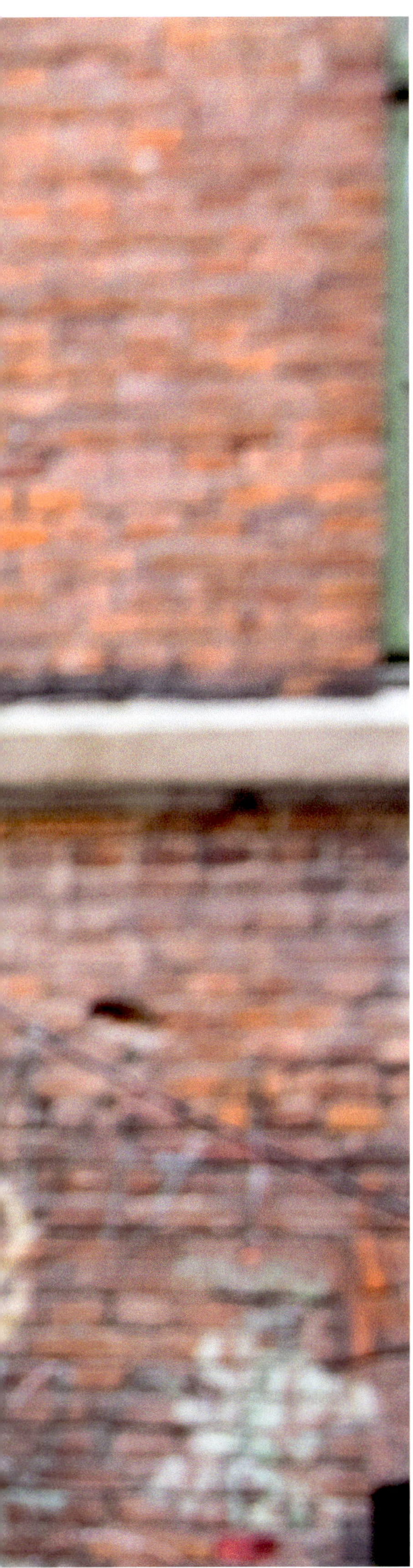

Ein Bild, das bis heute *Beatles*-Fans aus der ganzen Welt nach St. Pauli lockt: In der Wohlwillstraße 22 posiert John Lennon lässig in schwarzer Lederjacke.

JOHN LENNON **ROCK 'N' ROLL**

Wenn hochbegabte Songwriter Alben mit Songs aus fremder Feder aufnehmen, ist das selten ein gutes Zeichen. Entweder fällt ihnen einfach nichts mehr ein oder sie haben ganz andere Probleme. Als John Lennon 1973 mit den Aufnahmen für sein Soloalbum »Rock 'n' Roll« begann, ging es ihm nicht besonders gut. Besser gesagt: Lennon war völlig von der Rolle. Seine Beziehung mit Yoko Ono war so zerrüttet, dass die ihn vor die Tür setzte. Der Ex-Beatle tröstete sich mit seiner »persönlichen Assistentin« May Pang und zog von New York City nach Los Angeles, wo er die Puppen tanzen ließ, als gäbe es kein Morgen. Ein Exzess, der als sogenanntes »Lost Weekend« in die Popgeschichte einging. Denn dieses »Wochenende« dehnte sich über achtzehn Monate, in denen Lennon in Begleitung von Pang und verlässlicher Saufkumpane wie Harry Nilsson von Ausschweifung zu Ausschweifung torkelte. Die Anekdoten, wie und wo er sich besonders danebenbenahm, füllen zahlreiche Lennon-Biografien.

Es war also keine Zeit, in der sich der ramponierte Ex-Beatle an neue, eigene Songs hätte machen können. Stattdessen erinnerte er sich wehmütig an die Musik, die er einst in Hamburg, in Läden wie dem Star-Club, dem Indra und dem Top Ten mit den *Beatles* aufgeführt hatte. Eine Zeit, die ihm rückblickend wohl als glücklich und unbeschwert erschienen sein musste und die er noch mal heraufbeschwören wollte, als er beschloss, dreizehn Rock-,n'-Roll-Klassiker aus den Fünfziger- und Sechzigerjahren zu covern.

Die Entscheidung, dieses Album dem Produzenten Phil Spector anzuvertrauen, war einerseits konsequent, weil Spector mit Superhits wie »Be My Baby« zum »First Tycoon of Teen« (Tom Wolfe) aufgestiegen war,

1975

Lennon erinnerte sich wehmütig an die Musik, die er einst in Hamburg, in Läden wie dem Star-Club, dem Indra und dem Top Ten mit den *Beatles* aufgeführt hatte. Eine Zeit, die ihm rückblickend wohl als glücklich und unbeschwert erschienen sein musste und die er noch mal heraufbeschwören wollte.

andererseits galt der so begnadete wie exzentrische Songwriter und Produzent schon damals als völlig durchgeknallt. Und das nicht auf besonders komische Art und Weise. So war bekannt, dass der kleinwüchsige Toupetträger in Studios seinen Anweisungen gern mal mit einem geladenen Revolver Nachdruck verlieh. Dass er 2009 wegen Mordes an einer Schauspielerin zu 19 Jahren Gefängnis verurteilt wurde, ist eine andere Geschichte.

Jedenfalls tanzte er auch bei den Sessions zu »Rock ,n' Roll« mit einem Revolver bewaffnet im Studio an. Als Lennon das nicht ernst nahm, feuerte Spector zur Warnung in die Decke, was den Ex-Beatle nicht nur erschreckte, sondern auch sein Trommelfell beschädigte. Allerdings war Lennon damals eben auch in einer Verfassung, in der er nicht viel mitbekam und vor allem in Ruhe gelassen werden wollte.

Das »Rock ,n' Roll«-Album hatte er sich auch vorgenommen, um eine alte Schuld zu begleichen, denn noch zu *Beatles*-Zeiten hatte er sich für den Song »Come Together« bei der Chuck-Berry-Nummer »You Can't Catch Me« bedient und war verklagt worden. Außergerichtlich verpflichtete er sich schließlich dazu, als Wiedergutmachung an den für Berry zuständigen Musikverleger ein paar andere Lieder aus dessen Katalog einzuspielen, so dass ein warmer Tantiemen-Regen auf den Bestohlenen niedergehen möge. Aber auch sonst dürfte Lennon einfach froh gewesen sein, sich keine weiteren Gedanken über neue Songs machen zu müssen.

Als sich in Los Angeles herumsprach, dass der Ex-Beatle in der Stadt sei, sollen die Studiomusiker Schlange gestanden haben, um ihre Dienste anzubieten. Mit mehr als dreißig euphorischen Zuarbeitern machte Lennon es sich dann in den A&M Studios bequem, allerdings wurde mehr getrunken als musiziert, und als irgendwann der Inhalt einer Whiskeyflache in ein teures Mischpult kippte, wurde die ganze Gang mit der freundlichen Empfehlung, keinesfalls zurückzukehren, vor die Tür gesetzt. Als dann noch Phil Spector einen schweren Verkehrsunfall hatte und eine Weile sogar im Koma lag, muss Lennon das als ein Zeichen gedeutet haben, dass es an der Zeit sei, zur Besinnung zu kommen. Die Arbeiten an der halbfertigen »Rock-,n'-Roll«-Platte stellte er ein, flog zurück nach New York, berappelte sich wieder halbwegs und spielte stattdessen das weit und breit gefeierte Album »Walls & Bridges« ein. Vermutlich hätte er »Rock ,n' Roll« gern aus seiner Erinnerung gelöscht, aber dummerweise war er dem Chuck-Berry-Verleger eben noch einige Coverversionen schuldig.

Als der ihn schließlich verklagte und Phil Spector obendrein beschlossen hatte, Mitschnitte der abgebrochenen Sessions auf eigene Faust zu veröffentlichen, beschloss John Lennon, das »Rock-,n'-Roll«-Album doch noch zu beenden. Mit Assen wie Steve Cropper, Hal Blaine, Klaus Voormann und Leon Russell wurde das langwierige Projekt – kein Soloalbum hat Lennon mehr Zeit gekostet – schließlich in New York beendet. Eingespielt wurden Songs wie »Be-Bop-A-Lula«, »Stand by Me«, »Do You Wanna Dance?«, »Ain't That A Shame« und »Sweet Little Sixteen«. Songs, mit denen er bestens vertraut war, weil er sie nächtelang mit den *Beatles* in Hamburg aufgeführt hatte.

Weil die Musik eine Reise in die Vergangenheit war, hatte sich Lennon ursprünglich überlegt, eine seiner alten Kinderzeichnungen als Artwork für das Cover zu nutzen. Aber dann stieß May Pang bei einer *Beatles*-Convention auf alte Fotos, die einst Jürgen Vollmer in Hamburg gemacht hatte, und war so begeistert, dass sie umgehend Lennon davon berichtete, der wiederum ebenfalls so angetan davon war, dass er sich nach langer Zeit wieder mit seinem deutschen Weggefährten in New York verabredete. Der Fotograf hatte einst zur Clique um Astrid Kirchherr und Klaus

Voormann gehört, die sich mit den Liverpooler Nachwuchsrockern angefreundet hatte und mit ihnen rumhing, wenn sie nicht gerade im Kaiserkeller oder Indra lärmten. Es war dann auch Jürgen Vollmer, der eines Tages zur Schere griff und den vier Briten die legendär gewordene »Pilzkopf«-Frisur verpasste. Vor allem aber fotografierte Vollmer seine Musiker-Kumpane in ihrem Revier: St. Pauli.

In der Wohlwillstraße 22 entstand 1961 ein Bild, das bis heute *Beatles*-Fans aus der ganzen Welt an den Ort des Geschehens lockt.

Wer durch einen kleinen Gang, die Jägerpassage, tritt, steht vor dem Hauseingang, in dem damals John Lennon lässig in schwarzer Lederjacke lehnte. Ein Porträt, in dem Aufruhr und Unschuld formvollendet zusammenfinden. Die zwei Figuren, die als Schemen durchs Bild huschen, sind übrigens Paul McCartney und Stuart Sutcliff. Auch Lennon muss dieses Bild, als er es wiedersah, berührt haben, denn er beschloss, es als Cover für sein »Rock-,n'-Roll«-Album zu nutzen.

Im Februar 1975 erschien dann endlich das Album, mit dem er sich so schwergetan hatte, und war, für *Beatles*-Verhältnisse, nur so mittel erfolgreich, was dem Künstler egal gewesen sein dürfte. Vermutlich war er erleichtert, dass er das zähe Projekt endlich abgeschlossen hatte. Danach zog John Lennon bis auf Weiteres einen Schlussstrich unter sein Leben als Musiker. Er versöhnte sich mit Yoko Ono, trank Milch statt Whiskey, blieb daheim, lernte, wie man Brot backt, und kümmerte sich vor allem anderen um seinen kleinen Sohn Sean Ono Lennon, der im Oktober 1975 zur Welt gekommen war. Der Beatle hatte seine turbulente Vergangenheit endgültig abgestreift, alle Dämonen vertrieben und konzentrierte sich nun begeistert auf ein neues Leben als Familienvater. Erst 1980 kehrte er zurück in die Musikwelt, so entspannt und sonnigen Gemüts wie nie zuvor in seiner Karriere.

JOHN LENNON

ROCK 'N' ROLL

Apple Records, 1975
Discogs Durchschnittspreis: € 6,80
Foto: Jürgen Vollmer
Design: Roy Kohara
Location: Wohlwillstraße, St. Pauli

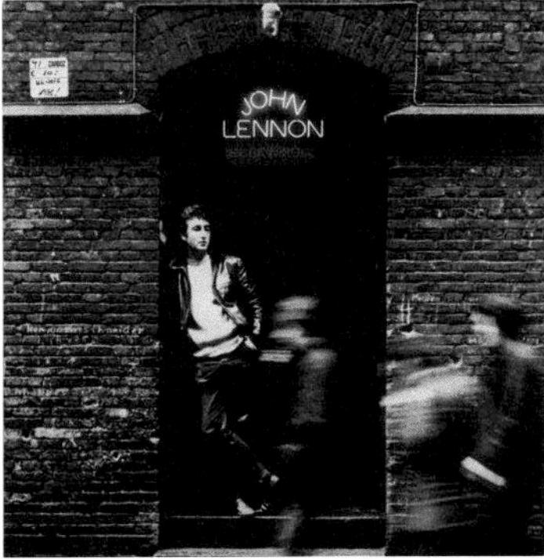

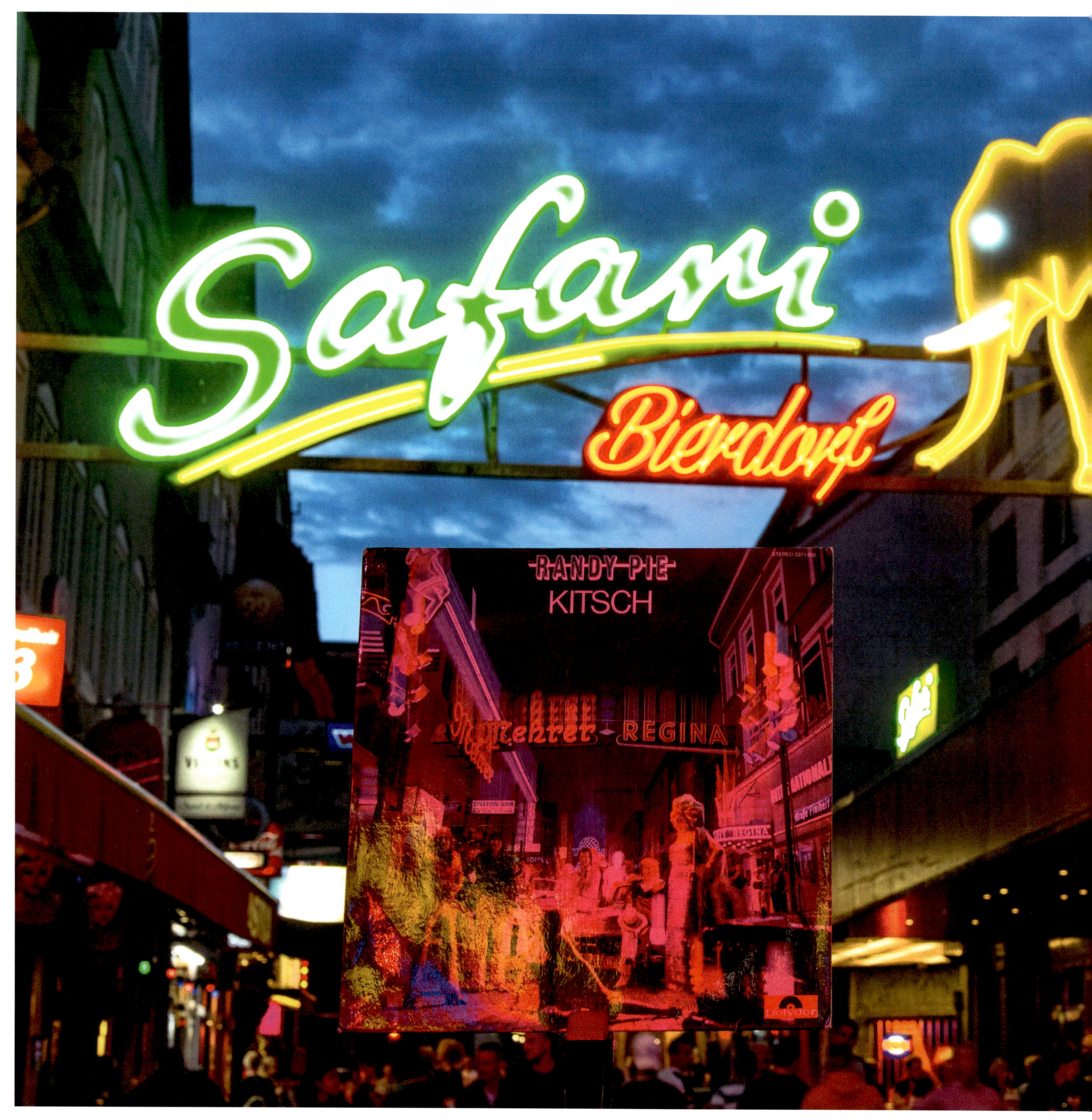

Safari
Bierdorf
RANDY PIE
KITSCH
REGINA

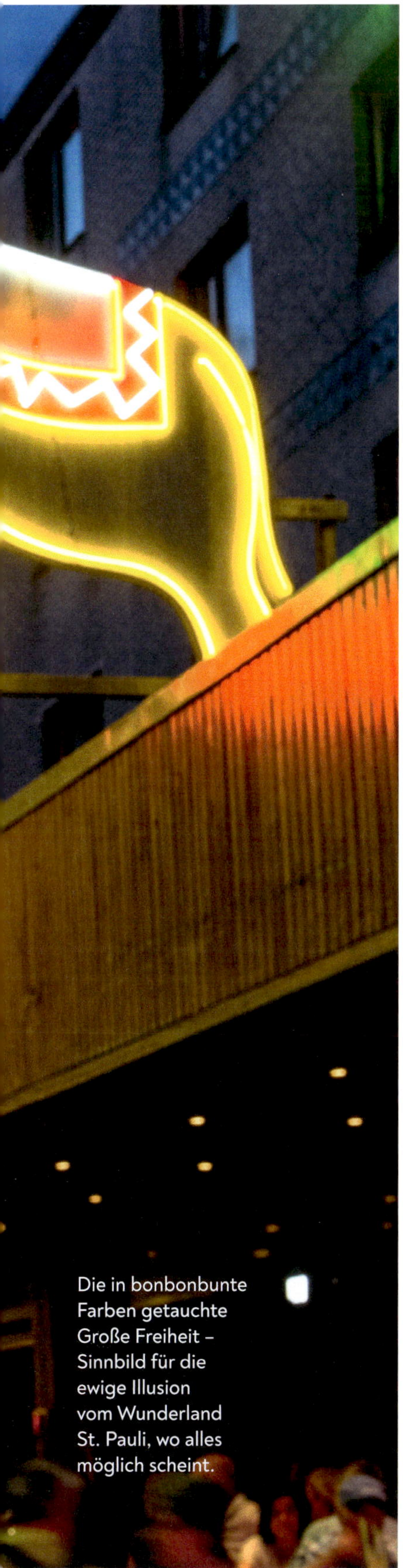

Die in bonbonbunte Farben getauchte Große Freiheit – Sinnbild für die ewige Illusion vom Wunderland St. Pauli, wo alles möglich scheint.

1975

RANDY PIE
KITSCH

Vielleicht gehörte es zu einem raffinierten Konzept, als sich diese Hamburger Musiker 1975 für ihr drittes Album namens »Kitsch« ausgerechnet auf der Großen Freiheit, zwischen Neonlichtern und allerlei aufgebrezelten Paradiesvögeln, in Pose warfen. Kiez-Kitsch in Perfektion, wenn man so will. Tatsache ist, dass *Randy Pie* in den Jahren zuvor erstaunlich erfolgreich in Großbritannien aufgespielt hatten. Da lernten sie allerdings auch, dass ihr Bandname im englischen Sprachgebrauch zweideutig ist und dort frei übertragen »geil« bedeutet, was im Inselkönigreich natürlich immer mal wieder für Verwirrung sorgte. Hervorgegangen waren *Randy Pie* Anfang der Siebziger aus der Hamburger Beat-Band *The Rattles,* mit der einst Achim Reichel bekannt geworden war. Mit aufgepepptem Rock & Soul-Sound und neuem Namen traten nun einige der Veteranen also noch mal an, und nach eher holprigem Beginn fand die Band dann doch zu einem nennenswerten Publikum. Die in bonbonbunte Farben getauchte Große Freiheit auf diesem Cover taugt auch als Sinnbild für die ewige Illusion vom Wunderland St. Pauli, in dem alles möglich scheint. Das Foto ist zwar bald auch schon ein halbes Jahrhundert alt, aber letztlich hat sich die Große Freiheit – wenigstens von außen betrachtet – nicht so sehr verändert. Gut, die »Telefon Bar Dancing« ist Geschichte, aber das funkelnde Traumbild, dass in St. Pauli Abenteuer warten, lockt immer noch viele Menschen in die Große Freiheit.

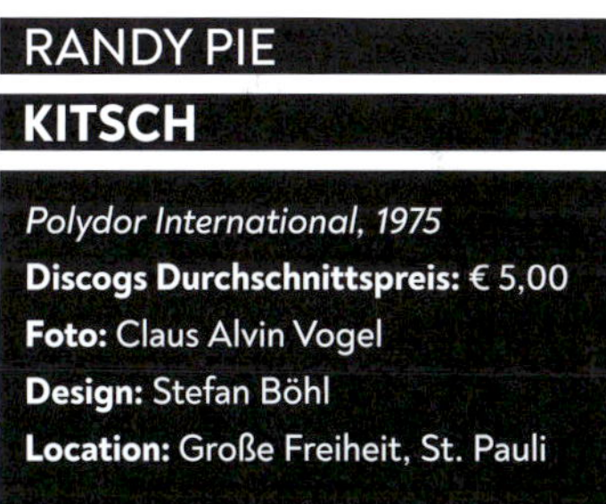

RANDY PIE

KITSCH

Polydor International, 1975
Discogs Durchschnittspreis: € 5,00
Foto: Claus Alvin Vogel
Design: Stefan Böhl
Location: Große Freiheit, St. Pauli

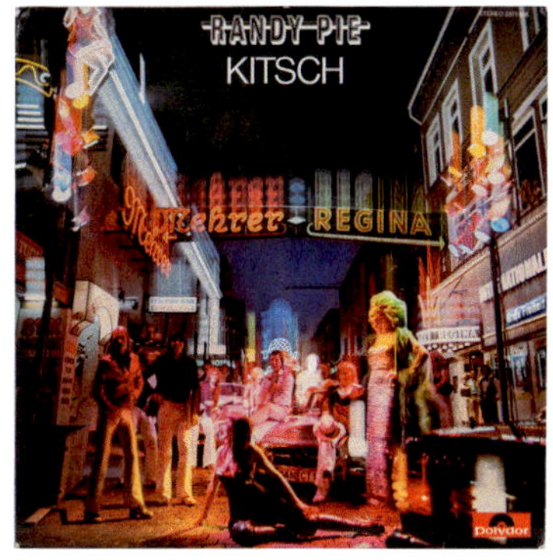

ONKEL PÖ
HAMBURG ALL STARS

Wenn Veteranen wehmütig vom »Onkel Pö« erzählen, schwingt da auch die Sehnsucht nach einer versunkenen Welt mit. Die gute alte Zeit, als Musik noch »handgemacht« war, Sänger noch singen konnten und jeder rauchen durfte, wo er wollte. Jene goldene Ära, als im knallvollen »Pö«, wie der Laden kurz genannt wird, noch Al Jarreau, Udo Lindenberg, Chet Baker und Gottfried Böttger auf der Bühne zauberten, lässt in Hamburg alle schwärmen, die dabei waren oder behaupten, dabei gewesen zu sein, oder wenigstens jemanden kennen, der mal da war. In der Hitliste der mythenumwehten Hamburger Musik-Clubs ist das »Pö« weit vorne, nur vom Star-Club übertroffen. Vom Größenwahn geküsst, hieß das Etablissement sogar in voller Pracht »Onkel Pö's Carnegie Hall«, frei nach der legendären New Yorker Konzerthalle, aber letztlich kommt man ja im Unterhaltungsgeschäft ohne eine Spur Größenwahn auch nicht weit. Rückblickend betrachtet war allein die Lage am Lehmweg 44 im piekfeinen Eppendorf (nachdem der Laden vorher im ähnlich schnieken Pöseldorf gestartet war) für einen Club mit lauter Livemusik ein Coup der besonderen Art. Die Geschichte begann jedenfalls mit Jazz, denn der galt auch in Deutschland als Sound der Freiheit. Diesem Jazz zu lauschen hatte zur Zeit des »Dritten Reichs« sogar als Verbrechen gegolten, was die Hamburger Swing Kids, die sich damals heimlich am Alsterpavillon trafen, aber nicht davon abhielt, es zu tun. In den Fünfzigern brachten dann in Deutschland stationierte Soldaten den Jazz in die junge

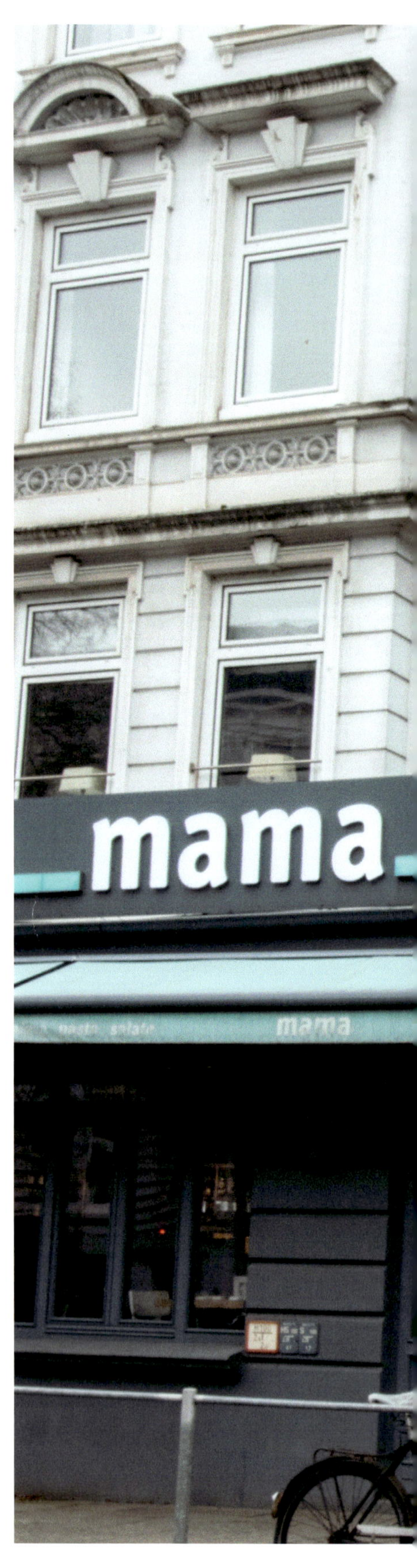

Anfangs war im Onkel Pö der Jazz zu Hause, in den Achtzigern stellten junge Bands wie die *Talking Heads,* die *Bangles, U2* und Annie Lennox hier ihre ersten Alben vor.

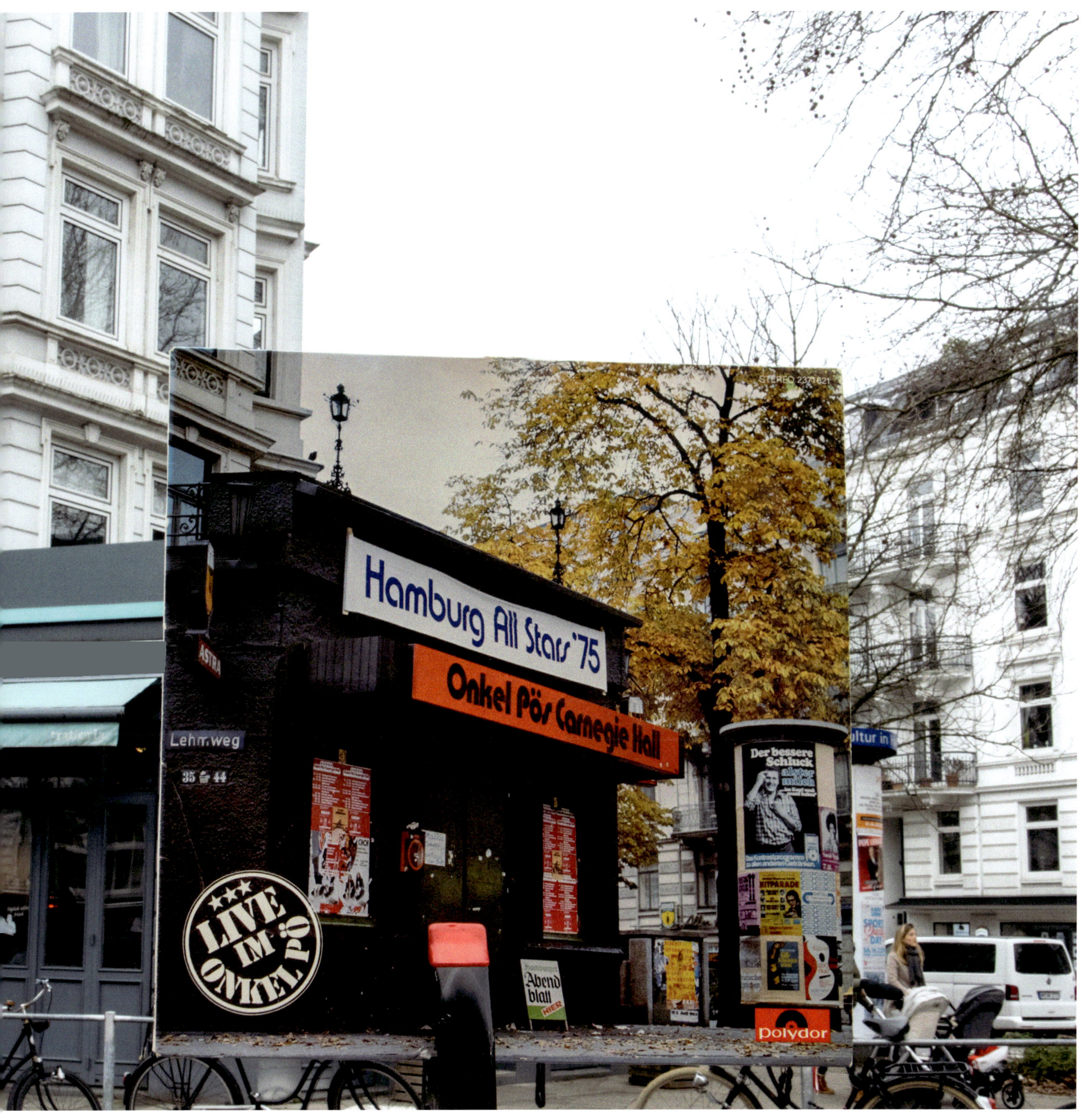
STEREO 2371 621
Hamburg All Stars '75
Onkel Pös Carnegie Hall
ASTRA
Lehmweg
35 44
LIVE IM ONKEL PÖ
Hamburger Abendblatt HIER
Der bessere Schluck
HITPARADE
Polydor

Bundesrepublik. Zum einen als Platten, aber auch als Livemusik, denn viele Armeeangehörige führten diese erfrischende Musik damals in vermufften Clubs und umfunktionierten Bunkern im ganzen Land in allen Variationen auf. Dass ausgerechnet die Bundesrepublik zu einem Zentrum des europäischen Freejazz wurde, ist letztlich nicht überraschend, schließlich hatte sich hier eine junge Generation allerhand von der Seele zu spielen.

Jedenfalls schossen auch in Hamburg nach dem Krieg überall Jazzclubs aus dem Boden, so wie 1966 das Jazzhouse in der Brandstwiete, wo dann auch moderner Jazz zu hören war.

Und Peter Marxen, einer der Jazzhouse-Macher, legte wenig später mit dem Onkel Pö los. Das Timing dafür war gut, denn das »Pö« füllte ein Vakuum, das der bereits damals legendäre Star-Club hinterlassen hatte, als ihm mit dem Ende des Beat-Booms die Luft ausgegangen war.

Zu Anfang, am Mittelweg, war das Onkel Pö noch eine Kneipe, die trauernde Beat-Fans zum Trinken auffing. Weil aber mitten im Laden ein Flügel rumstand, wurde der von Gästen zu vorgerückter Stunde immer öfter für spontane Jam-Sessions genutzt. Wirklich legendär wurde das Pö jeodch erst, nachdem es – das Haus am Mittelweg war einsturzgefährdet – 1970 an den Lehmweg gezogen war. Dort wurde das »Pö« dann in den Siebzigern zu einem sogenannten Szeneladen, der Prominente und solche, die sich zumindest so fühlten, ebenso anzog wie Medienvolk und Bedienstete der Musikindustrie. Und Künstler sowieso. Wobei auch das »Pö« ein Beweis dafür war, dass letztlich nie genau zu definieren ist, was einen Szeneladen am Ende ausmacht, wie diese Chemie, die viele und besondere Leute lockt, zustande kommt. Denn nüchtern betrachtet war eigentlich nichts an dem Laden weiter der Rede wert: eine Eckkneipe eben, eng, mit Tresen und kleiner Bühne, dem üblichen Angebot an Kaltgetränken, Spirituosen und nicht weiter nennenswertem Mobiliar.

Den Unterschied machten im »Pö« also die Musik und die Musiker. Das war anfangs der Jazz, egal ob Dixieland oder New Orleans Boogie. Für Furore sorgten bald Könner wie Gottfried Böttger und Udo Lindenberg, der damals als toller Jazzschlagzeuger bei Klaus Doldinger punkten konnte. Und spätestens seit Lindenberg in seinem Hit »Alles klar auf der Andrea Doria« textete: »Bei Onkel Pö spielt ne Rentnerband / seit zwanzig Jahren Dixieland« oder »Gottfried heißt der Knabe da hinten am Klavier / und für jede Nummer Ragtime kriegt er'n Korn und'n Bier« war der Laden wirklich im ganzen Land bekannt. Es greift allerdings viel zu kurz, das Onkel Pö auf die immer wieder genannten lokalen Jazz-Könner zu reduzieren, denn die Liste der Jazz-Legenden aus aller Welt, die den Weg an den Lehmweg fanden, ist umwerfend: Sie reicht von Art Blakey, Chet Baker, Pat Metheny, Don Cherry, Champion Jack Dupree, Dollar Brand, Michael Becker, Chick Corea, Dizzy Gillespie, Gil Evans, Horace Silver, Mike Westbrook, Bobby Hutcherson, Joe Henderson, Dexter Gordon, Charlie Haden, Jan Garbarek, Pharoah Sanders und Carla Bley bis selbstverständlich Al Jarreau, der im Onkel Pö seine Weltkarriere begann, wenn man so will. Letztlich stellt sich fast die Frage, warum Miles Davis eigentlich nie den Weg ins Onkel Pö gefunden hat. Aber der stand dafür später immerhin mal in der Fabrik auf der Bühne.

Die Dinge änderten sich, als zum Ende des Jahrzehnts Peter Marxen, der den Laden bis dahin erfolgreich geschmissen hatte und als »Seele des Pö« galt, überraschend seinen Abschied verkündete, um fortan als Gastronom sein Leben im Grünen bei guter Luft und ohne Lärm zu genießen. Für »Pö«-Puristen war es das Ende einer Ära, aber es passte letztlich zu den Umbrüchen im Musikuniversum: Punk und New Wave mischten alles Etablierte lustvoll auf, begleitet von einigen unabhängigen kleinen Plattenfirmen, die für Furore sorgten. Und auch im Onkel Pö änderte sich einiges. Punk war an der Eckkneipe zwar recht spurlos

1975

Und spätestens seit Lindenberg in seinem Hit »Alles klar auf der Andrea Doria« textete: »Bei Onkel Pö spielt ne Rentnerband / seit zwanzig Jahren Dixieland« oder »Gottfried heißt der Knabe da hinten am Klavier / und für jede Nummer Ragtime kriegt er'n Korn und'n Bier« war der Laden wirklich im ganzen Land bekannt.

vorbeigezogen, aber das, was immer etwas diffus als New Wave bezeichnet wird, fand auch am Lehmweg einen Hafen. Und wenn nur die Hälfte der Menschen, die dies beschwören, 1981 bei *U2* im Onkel Pö tatsächlich vor Ort gewesen ist, bleibt die Frage, wie sie das Gedränge überlebt haben können.

Überhaupt bescherten die gern geschmähten Achtzigerjahre dem Laden zahlreiche euphorische Nachwuchskräfte wie die *Talking Heads, The Bangles,* die *Neonbabies, The Alarm, The Fixx, Green on Red, The Honeymoon Killers* und Annie Lennox. Und auch wenn die enttäuschten alten Stammgäste bis heute gern behaupten, dass in jenen Jahren »die Luft raus« gewesen sei, ist das eben doch nur eine Frage der Perspektive. Gut, die Atmosphäre mag eine andere gewesen sein, und vermutlich wurde statt Rotwein mehr Bier getrunken. Aber ein nachgewachsenes Publikum erlebte auch legendäre Nächte am Lehmweg 44: Der New-Wave-Barde Billy Bragg sorgte im knallvollen Laden nächtelang für ausgelassene Glückseligkeit, und auch heute vergessene Könner wie *The Jazz Butcher* und *The Band of Holy Joy* zogen viele Verehrer an. Die große Frage, ob das nun weniger legendär war als die einstigen Sessions mit den Jazz-Heroen, ist letztlich nicht zu beantworten. Lange Schlangen und ein rappelvolles Haus gab es zu beiden Zeiten.

Die Trauer war jedenfalls bei allen groß, als das »Pö« 1985 für immer abgeschlossen wurde. Das Ende brachten Beamte, denen recht plötzlich dämmerte, dass die Sound-Anlage womöglich zu laut sei und das ganze Wohngebäude auf Dauer schädigen könne. Und weil Konzerte nun mal nicht auf Zimmerlautstärke funktionieren, war dann eben Schluss. Seitdem haben am Lehmweg 44 allerlei Restaurants eine neue Heimat gefunden. Manchmal sieht man vor dem Laden betagte Menschen stehen, die einen wehmütigen Blick auf das Haus werfen, und vermutlich läuft in ihrer Erinnerung das Echo eines legendären Konzerts.

HAMBURG ALL STARS '75 ONKEL PÖS CARNEGIE HALL – LIVE IM ONKEL PÖ

Polydor, 1975
Discogs Durchschnittspreis: € 11,00
Foto: k.A.
Design: k.A.
Location: Lehmweg, Eppendorf

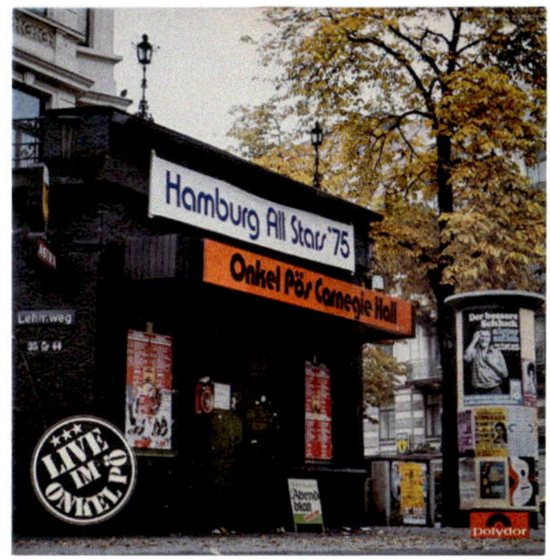

THE BEATLES **LIVE! AT THE STAR- CLUB IN HAMBURG**

Der in Danzig geborene Bruno Koschmider hatte als Clown, Zauberer und Hochseilartist im Zirkus gearbeitet, wollte aber im Leben noch ein wenig höher hinaus. So eröffnete der kleinwüchsige Tausendsassa 1950 an der Großen Freiheit das Indra, eine jener zwielichtigen Begegnungsstätten, in denen alte Knaben dünnes Bier trinken, dürftig bekleidete Damen zu deren Unterhaltung auf Tischen tanzen und letzte Hüllen fallen lassen. Einige Meter weiter betrieb Koschmider noch das Café »Heaven and Hell«, dazu kamen der Kaiserkeller und ein Sexkino namens »Bambi«. Musik interessierte den Kiez-Wirt eigentlich nur als Untermalung für die Darbietungen der Frauen, die sich in seinen Läden vor Publikum entblätterten.

Der sogenannte Mersey-Beat-Sound aus Liverpool war damals auch in Hamburg schwer in Mode, und irgendwann dämmerte Koschmider, dass diese Rock-,n'-Roll-Typen vielleicht dafür sorgen könnten, dass die Gäste in seinen Etablissements länger bleiben und mehr trinken. Also beschloss er, eine dieser Beatbands nach Hamburg zu lotsen, auf dass sie in seinen Läden für Stimmung und Durst sorgen möge. Der Liverpooler Geschäftsmann Allan Williams, der sein Geld eigentlich als Gastronom verdiente und nebenher noch ein paar Bands managte, war ein alter Bekannter von Koschmider. Dummerweise standen alle Liverpooler Bands, die den Hamburger Unternehmer interessierten, nicht zur Verfügung, weil sie entweder bereits anderweitig gebucht waren oder schlicht keine Lust hatten, die Reise in die Hansestadt anzutreten. Als

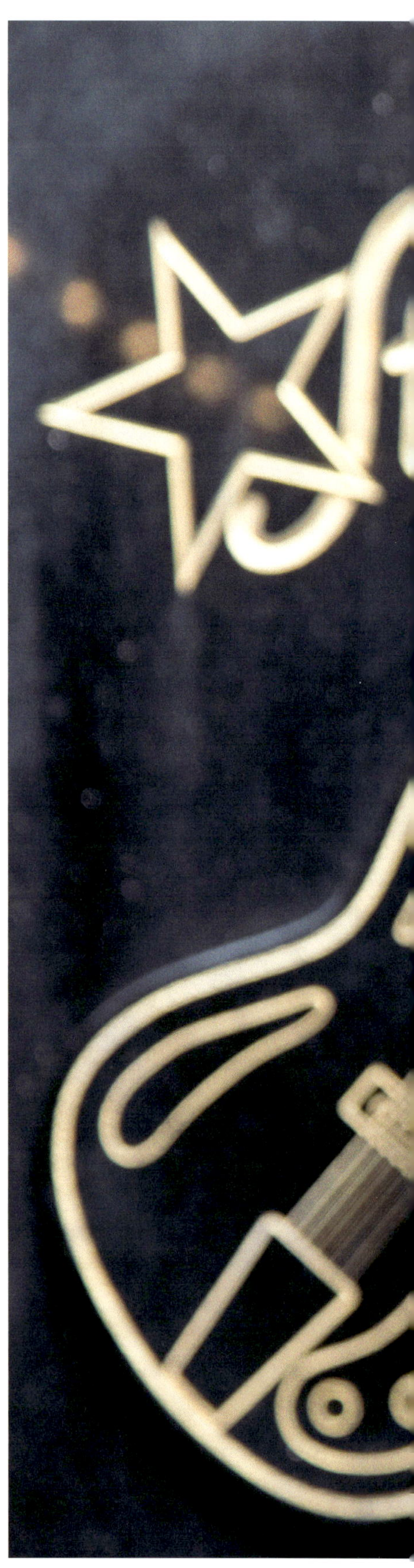

An einem regnerischen Apriltag im Jahr 1962 standen John Lennon, Paul McCartney, George Harrison, Stuart Sutcliff und der kurzfristig engagierte Pete Best zum ersten Mal auf der Bühne des Star-Clubs.

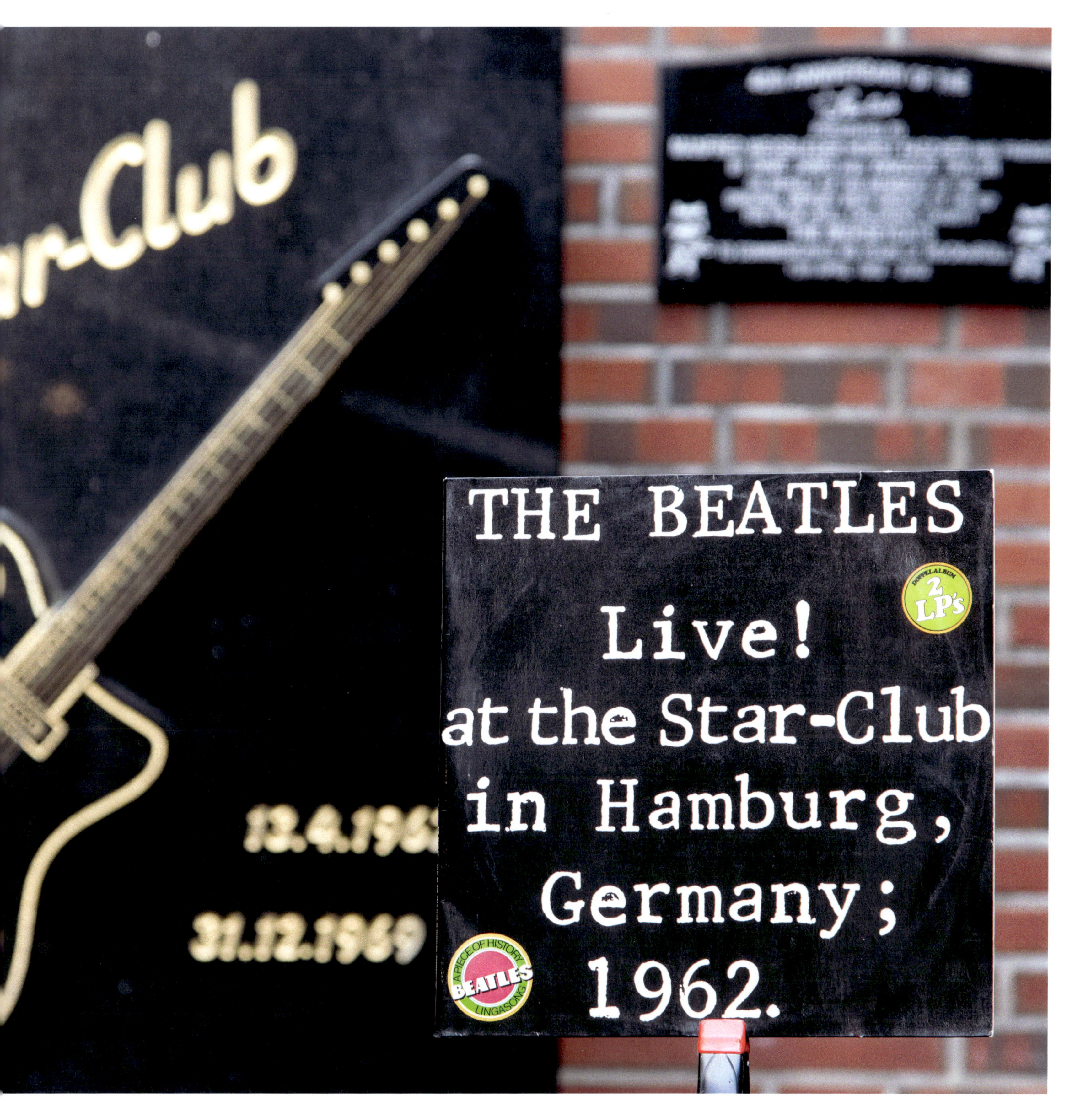
Star-Club
13.4.1962
31.12.1969
THE BEATLES
Live!
at the Star-Club
in Hamburg,
Germany;
1962.
DOPPELALBUM
2 LP's
A PIECE OF HISTORY
BEATLES
LINGASONG

1977

Jeden Wochentag hatten sie vier Stunden auf der Bühne zu stehen, am Samstag sogar sechs. Dreißig Mark gab es dafür pro Nase, pro Auftritt, was auch damals so dürftig war, wie es heute noch klingt.

Koschmider das Projekt schon begraben wollte, bot ihm Williams noch eine junge und unerfahrene Band namens *The Silver Beatles* an. Vermutlich dachte sich der enttäuschte Kiezianer, das sei besser als nichts, und sagte zu. An einem regnerischen 16. August traten John Lennon, Paul McCartney, George Harrison, Stuart Sutcliffe und der kurzfristig dazuengagierte Schlagzeuger Pete Best in Begleitung ihres Managers, dessen Frau und einiger Kumpane in einem wackligen blauen Bandbus der Marke Bedford die Reise an die Elbe an.

John Lennon war sechzehn, als er 1957 in Liverpool mit ein paar Schulfreunden die Skiffle-Band *The Quarrymen* gründete. Bei einem ihrer Auftritte wurde ihm ein gewisser Paul McCartney vorgestellt, mit dem er sich auf Anhieb so blendend verstand, dass er ihn in die Band lotste. Als der wiederum vorschlug, auch seinen Kumpan George Harrison mitmachen zu lassen, war Lennon skeptisch, weil der Gitarrist erst fünfzehn war, was er zu jung fand. Bekanntermaßen ließ er sich dann aber doch noch breitschlagen, den schüchternen Jungen aufzunehmen. Nach allerlei Umbesetzungen waren nur noch die drei über, ergänzt durch Lennons Kumpan aus dem Kunststudium, Stuart Sutcliffe.

An Hamburg reizte das Quartett der Ruf, dass es da hoch hergehe und insbesondere die Reeperbahn ein Ort für Abenteuer der besonderen Art sei. Und dafür, dass sie sich dort vergnügen dürften und auch noch Musik machen könnten, würden sie zur Krönung des Abenteuers auch noch fürstlich bezahlt werden. Es schien eines dieser Angebote zu sein, die man nicht ablehnen kann. Entsprechend aufgekratzt traten sie die beschwerliche Reise an die Elbe an. Als die Reisegruppe aus Liverpool schließlich in Hamburg einfuhr, war es spät am Abend und dunkel, nur auf St. Pauli flackerten die Lichter neonbunt. Die Ernüchterung folgte umgehend, nachdem Koschmider den Jungs klargemacht hatte, was er von ihnen als Entertainer im Indra erwartete. Jeden Wochentag hatten sie vier Stunden auf der Bühne zu stehen, am Samstag sogar sechs. Dreißig Mark gab es dafür pro Nase, pro Auftritt, was auch damals so dürftig war, wie es heute noch klingt. Den entsprechenden Vertrag unterzeichneten sie dann als *Beatles*, den Zusatz »Silver« hatten sie der Einfachheit halber gestrichen.

Da die *Beatles* zu der Zeit noch kaum eigene Songs hatten, bestand ihr Repertoire überwiegend aus Coverversionen. Was Koschmider aber sehr schnuppe war, weil ihn nur interessierte, dass die *Beatles* gefälligst eine »Schau« zu bieten hätten und auf der Bühne immer in Bewegung sein sollten. Besonders gute Laune bekam der Entertainment-Unternehmer angeblich, wenn die Musiker auf Tischen tanzten. Sie sollten dabei allerdings gepflegt aussehen und hatten saubere Kleidung zu tragen. Es war ihnen auch untersagt, auf der Bühne zu essen oder zu rauchen, und mit den Gästen zu plaudern war obendrein streng verboten. Dieses Publikum bestand damals im Indra überwiegend aus Stripperinnen und deren potenziellen Freiern. Und es ist wohl anzunehmen, dass deren Interesse an der Musik der *Beatles* eher zweitrangig war.

Letztlich war so die anfängliche Euphorie der jungen Liverpooler schnell verflogen. Obendrein hatte Koschmider die *Beatles* in zwei trostlosen Hinterzimmern seines »Bambi«-Sex-Kinos direkt hinter der Leinwand untergebracht, die laut, fensterlos, schmutzig und eng waren. Um das alles zu dämpfen und zu übertünchen, warfen Lennon, McCartney und der Rest ihrer Gang allerlei Pillen ein. Irgendwann war das Verhältnis der Band zu ihrem Arbeitgeber Koschmider so zerrüttet, dass die *Beatles* sich besonders wild aufführten. Endgültig genug hatte der Kiezwirt aber, nachdem er mitbekommen hatte, dass die *Beatles* einige Male mit Tony Sheridan im Top Ten Club aufgetreten waren, wo sie ohnehin Stammgäste waren und der der Konkurrenz gehörte. Koschmider beendete entnervt das Arbeitsverhältnis und soll angeblich sogar zur Polizei gegangen sein, um zu melden, dass George Harrison mit siebzehn noch minderjährig sei und nach Mitternacht nicht mehr auf der Bühne stehen dürfe. Jedenfalls traten die *Beatles* nach allerlei Hickhack mit den Ordnungshütern – bis auf Stuart Sutcliffe, der in Hamburg bei Astrid Kirchherr blieb – erst mal wieder die Heimreise nach Liverpool an. Allerdings nicht für lange.

Insgesamt fünf Mal reisten die *Beatles* zwischen 1960 und 1962 von Liverpool nach Hamburg. Nach ihrem Debüt im Indra traten sie noch im Kaiserkeller, im Top Ten und schließlich im Star-Club auf, den der ehemalige Co-Betreiber des Top Ten Horst Fascher am 13. April 1962 an der Großen Freiheit 39 eröffnet hatte. Für ihre fünfte und finale Hamburg-Residenz vom 18. bis 31. Dezember 1962 standen die *Beatles* für 750 Mark pro Person und Woche auf der Star-Club-Bühne. Und zum ersten Mal war Ringo Starr in Hamburg an Bord, sein Vorgänger Pete Best war unter bis heute strittigen Umständen abserviert worden. Der Legende nach erlaubte John Lennon dem Musiker Ted Taylor, ein Tonbandgerät auf die Bühne des Star-Club zu stellen, wenn er für ausreichend Freibier sorge. Darüber, wie viele *Beatles*-Shows an welchen Tagen mitgeschnitten wurden, gibt es widersprüchliche Angaben. Letztlich wurden 44 Songs aufgenommen, überwiegend Coverversionen von Chuck Berry, Ray Charles, Phil Spector und Carl Perkins. Dazu Geplauder und Ansagen der Band. Die Tonqualität der Aufnahmen ist mittelprächtig, aber der historische Wert einzigartig. Diese Tapes wurden eine Weile vergessen und dann nach allerlei Hickhack 1977 gegen den Willen der *Beatles* auf dem hier abgebildeten Doppelalbum veröffentlicht. Lennon verkündete später, dass die *Beatles* zwar in Liverpool geboren worden, aber erst in Hamburg erwachsen geworden seien. Bruno Koschmider starb verarmt und weitgehend vergessen zu Beginn des neuen Jahrtausends in Hamburg.

THE BEATLES
LIVE! AT THE STAR-CLUB IN HAMBURG, GERMANY; 1962.

Lingasong, Bellaphon, 1977
Discogs Durchschnittspreis: € 10,00
Design: Ely Besalel
Location: ehemaliger Star-Club, Große Freiheit, St. Pauli

THE BEATLES
Live!
at the Star-Club
in Hamburg,
Germany;
1962.

1977

UDO LINDENBERG **REEPERBAHN**

Es gibt immer noch Menschen, die Udo Lindenberg für einen waschechten Hamburger halten. Allerdings ist der Dauergast des Hotel Atlantic in Gronau, Westfalen, zur Welt gekommen. In einem Düsseldorfer Hotel absolvierte er seine Ausbildung zum Kellner. In Tripolis spielte er als 17-Jähriger Jazz für amerikanische Soldaten. Und in München lernte Lindenberg, der seine musikalische Karriere als Jazz-Schlagzeuger begann, den Saxofonisten Klaus Doldinger kennen, in dessen Band er seine Karriere startete.

Aber letztlich landete Udo Lindenberg dann doch in der Hansestadt Hamburg und fühlte sich so wohl, dass er beschloss für immer zu bleiben. In Winterhude, am Rondeel 29, gründete er eine Wohngemeinschaft mit Otto Waalkes, Marius Müller-Westernhagen und anderen Paradiesvögeln. »Villa Kunterbunt« tauften sie das Haus, in dem einst der kanadische Botschafter residiert hatte. Ein besonderes Verhältnis hatte Lindenberg stets zur sogenannten »sündigen Meile«: Wer anders als er sollte auf der Reeperbahn mit einem Stern verewigt sein, als Wachsfigur bestaunt werden können und sich dort sogar sein eigenes Museum geschaffen haben? Erstaunlicherweise gibt es aber nur ein einziges Plattencover, das Uns-Udo in Hamburg zeigt: Die *Beatles*-Coverversion »Reeperbahn« (»Penny Lane«) von 1978. Dass Udo auf der Plattenhülle allerdings auf der Großen Freiheit posiert, stört dabei nicht weiter. Und selbstverständlich geht Udo Lindenberg längst als echter Hamburger durch.

UDO LINDENBERG
REEPERBAHN
(PENNY LANE) /
ROCKIN' AND ROLLIN'

Telefunken, 1978
Discogs Durchschnittspreis: € 5,00
Foto: Hans G. Lehmann
Design: k.A.
Location: Große Freiheit, St. Pauli

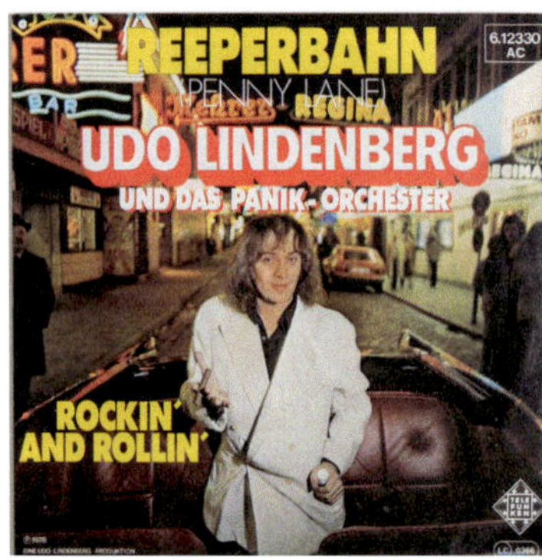

Erstaunlicherweise das einzige Plattencover, das Uns-Udo in Hamburg zeigt: die *Beatles*-Coverversion »Reeperbahn« (»Penny Lane«) von 1978.

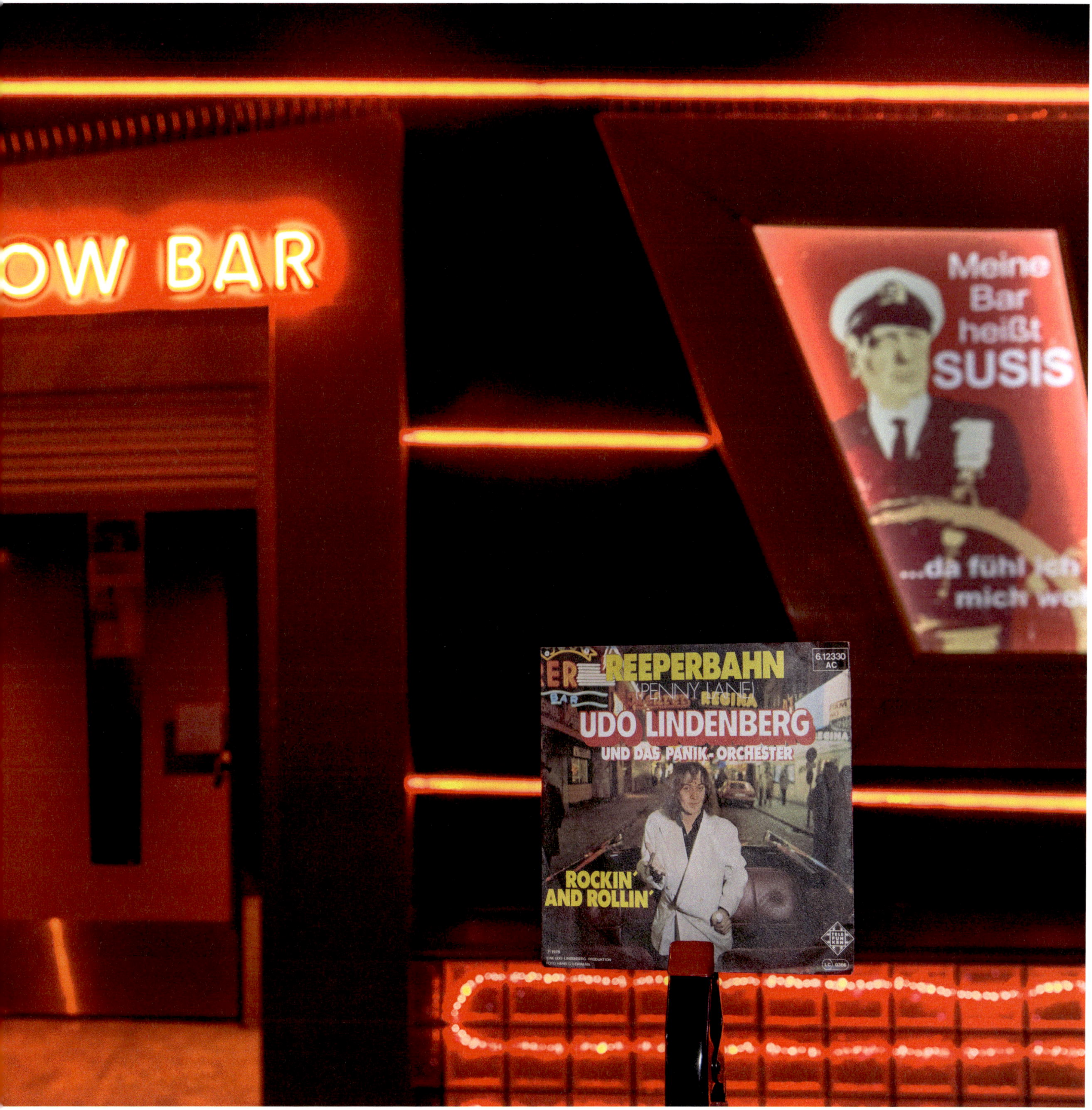

OW BAR

Meine Bar heißt SUSIS

...da fühl ich mich wo

6.12330 AC

REEPERBAHN

(PENNY LANE)

UDO LINDENBERG

UND DAS PANIK-ORCHESTER

ROCKIN' AND ROLLIN'

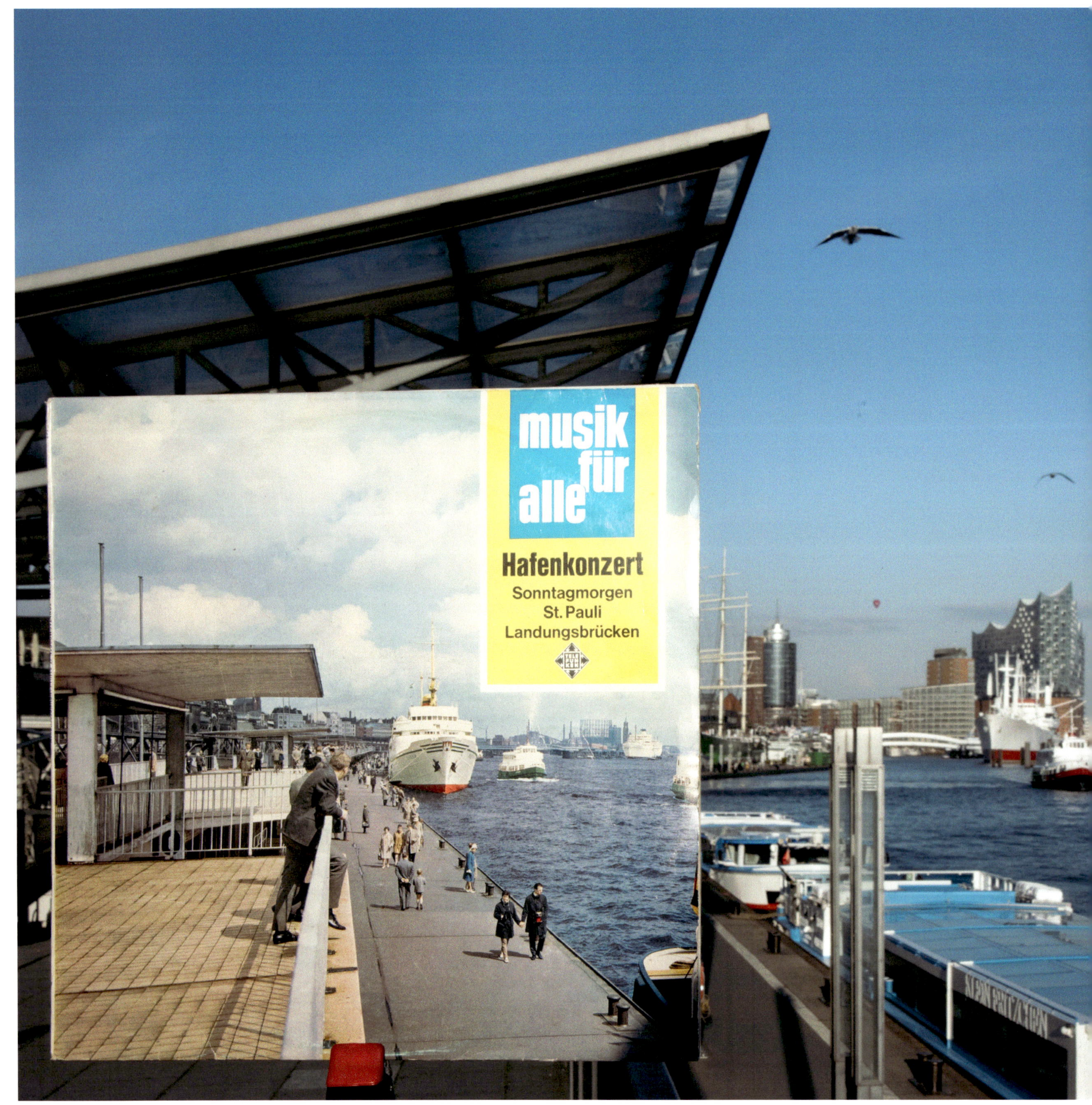
musik für alle
Hafenkonzert
Sonntagmorgen
St. Pauli
Landungsbrücken

1979

MUSIK FÜR ALLE
HAFENKONZERT

Bis auf die Elbphilharmonie und den Stil der Herrenmode hat sich gar nicht so viel geändert an den Landungsbrücken, seit das Hafenkonzert am Sonntagmorgen »Musik für alle« bot.

Musik für Alle«, steht ganz demokratisch auf der Platte, aber besser müsste es wohl »Schunkeln für Touristen« heißen. »Musik für Alle« steht hier stellvertretend für eine gefühlte Million anderer Waterkant-Fernweh-Halligalli-Sammlungen mit narrensicheren Stimmungshits wie »Hamburger Veermaster«, »Auf der Reeperbahn« oder »La Paloma«. Eben Musik für Schunkler aus aller Welt. Natürlich gehörte das Old-School-Entertainment schon immer zu Hamburg wie der Hafen und die Elbe, der Michel und die Reeperbahn. Das »Hamburger Hafenkonzert« zum Beispiel ist eine Radiosendung, die seit 1929 ausgestrahlt wird. Gesendet wird stets von Orten, die besonders eng mit der Seefahrt verbunden sind: natürlich der Hafen, aber auch das Schulauer Fährhaus, der Seemannsclub Duckdalben oder das Internationale Maritime Museum in der Speicherstadt. Ein traditionelles Konzept, das auch tief im 21. Jahrhundert erstaunlich viele Menschen beglückt.
Dass das Cover der hier abgebildeten Platte vor einer Ewigkeit fotografiert wurde, sieht man eigentlich nur, weil am Horizont die Hamburger Elbphilharmonie fehlt. Ein Prunkbau, der inzwischen den meisten Hamburgern ans Herz gewachsen zu sein scheint und immer noch mehr Touristen aus aller Herren Länder an die Elbe lockt. Und vielleicht werden von dort ja auch eines Tages Hafenkonzerte gesendet.

MUSIK FÜR ALLE
HAFENKONZERT

Sonntagmorgen St. Pauli
Landungsbrücken
Telefunken, 1979
Discogs Durchschnittspreis: € 5,50
Foto: Hans Hartz
Design: k.A.
Location: Landungsbrücken, St. Pauli

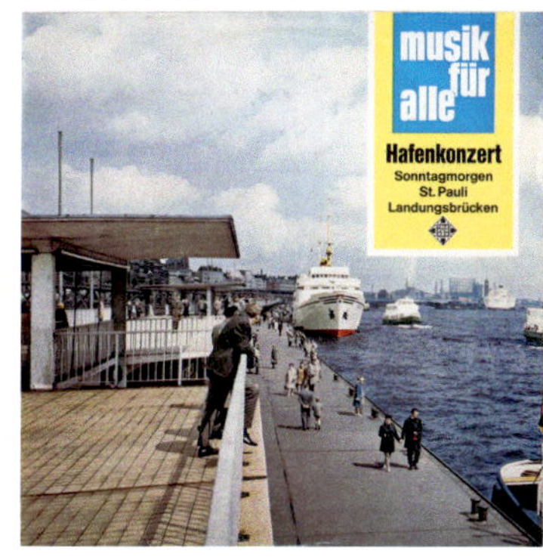

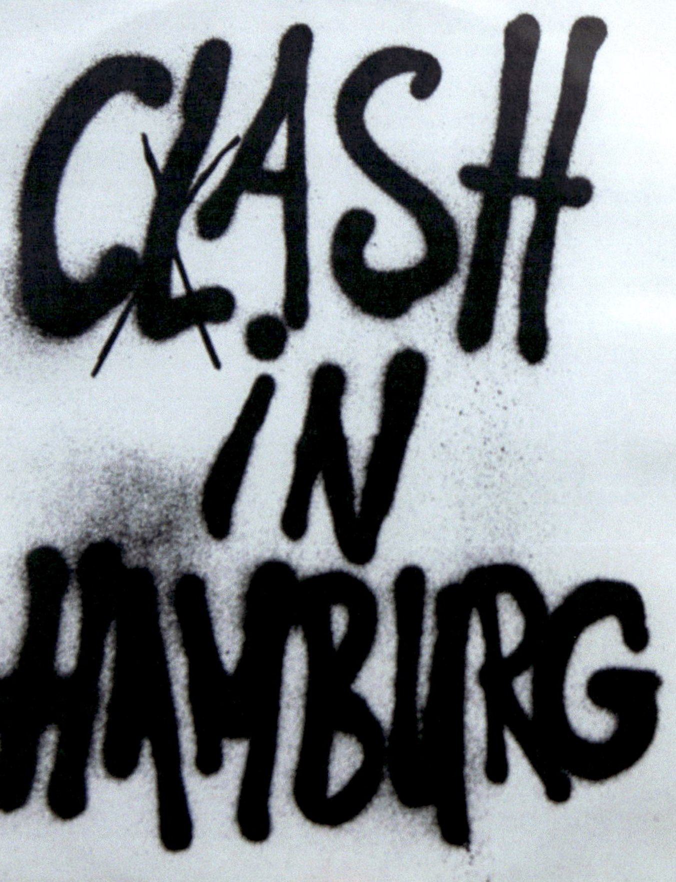
CLASH
IN
HAMBURG

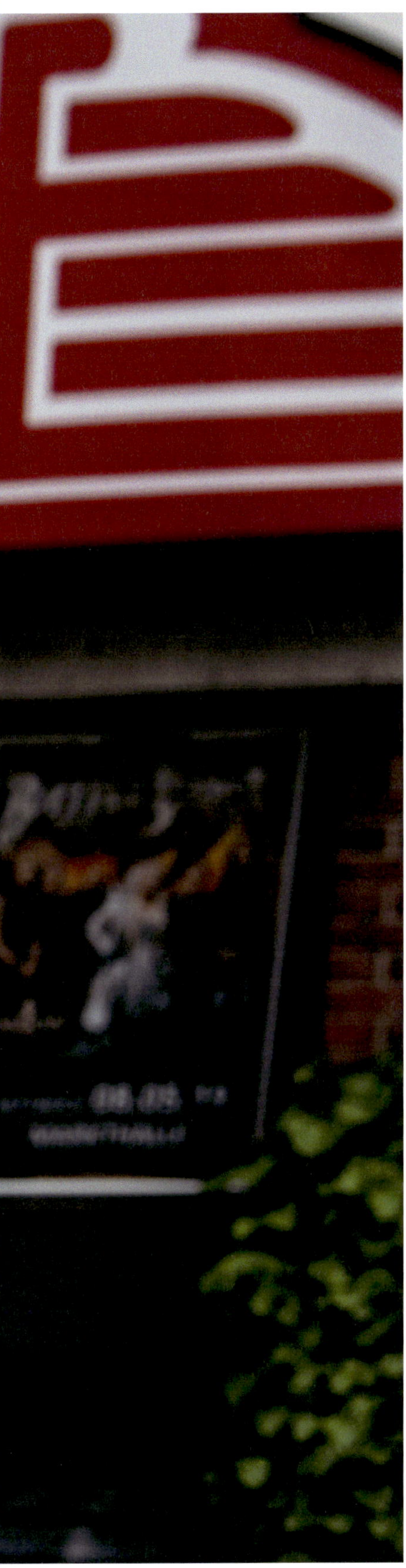

THE CLASH
C(L)ASH IN HAMBURG

In jener Nacht, als *The Clash* in der Markthalle spielten, war die Stimmung extrem aufgeladen. Nachdem Joe Strummer sich geduldig eine Weile hatte bespucken lassen, reichte es auch ihm.

Jahre nach dem Ende von *The Clash* spazierte Joe Strummer mal an einem grauen Vormittag über die Portobello Road in Notting Hill, wo er lange als Hausbesetzer gelebt hatte, und wurde von einem alten Straßenhändler wiedererkannt: »Hey Joe! Gibt's deine komische Band noch? Wie war ihr Name?«, fragte der alte Knabe. »The Clash«, entgegnete Strummer lächelnd. »Die gibt's nicht mehr, aber Musik mache ich noch immer.«

Nachdem Punk Geschichte war, sich die Aufregung gelegt hatte und Clash-T-Shirts von einer Generation spazieren getragen wurden, denen die Musik dazu eher egal war, hatte auch Joe Strummer seinen inneren Frieden gefunden. Weit ab von der Hektik Londons war er mit seiner Familie aufs Land gezogen, wo er mit seinen Töchtern Drachen steigen ließ und wo es selten lauter wurde als das Rauschen der Bäume im Garten. Punk schien eine Ewigkeit her, wie ein Abenteuer aus einem anderen Leben. Einige Episoden aus seinen Punk-Tagen waren Joe Strummer allerdings ziemlich klar im Gedächtnis geblieben. Dazu zählte auch eine Nacht, die er mit *The Clash* 1980 in Hamburg erlebt hatte, als er nach einem Konzert in der Markthalle von der Polizei eingesackt worden war.

Mitte der Siebziger war Punk für Strummer noch kein Thema, da hieß der Sänger und Gitarrist noch nicht mal so. Da war er noch John Graham Mellor, der in Ankara geborene Sohn eines britischen Diplomaten. Und ursprünglich hatte er eigentlich auch nur gegen seine Eltern rebelliert, von denen er sich alleingelassen fühlte: »Ich war neun, als sich meine Eltern von mir verabschiedeten, um nach Afrika oder sonstwohin zu

1980

gehen. Ich wurde in einem dieser Internate geparkt, wo die Wohlhabenden ihre Kinder eben abgeben. Meine Eltern sah ich danach nur noch einmal pro Jahr, ich war also auf mich allein gestellt.«

Strummer war Anfang zwanzig, als er in London bei den Hausbesetzern von Notting Hill ankam, ein Viertel, das damals – unglaublich, aber wahr – ein runtergerocktes Biotop für Freigeister, Tagediebe und andere Lebenskünstler war. Strummers Haare waren lang und verfilzt, seine Jeans hatten einen weiten Schlag, und als Sänger der Pub-Rockband *The 101ers* war er eine Lokalberühmtheit.

Sein Leben änderte sich auf einen Schlag, nachdem eine seltsame Band namens *The Sex Pistols* als Support für die *101ers* aufgetreten war: Er schnitt sich die Haare ab, färbte sie nitroweiß, schmiss die Schlaghosen weg, besorgte sich eine hautenge schwarze Lederjacke und hatte sich von John Mellor in Joe Strummer verwandelt. Wenig später legte er mit Mick Jones, Paul Simonon, Topper Headon und Keith Levene als *The Clash* los. Das war 1976.

1913 ließ der in Bremen geborene und lange als Oberbaudirektor in Hamburg tätige Architekt und Stadtplaner Fritz Schumacher die nur einen Steinwurf vom Hauptbahnhof entfernte Markthalle erbauen. Der Rotklinker-Fan hatte einen ganzen Gebäudekomplex entworfen, in dem heute der Kunstverein, ein Restaurant, allerlei Läden und, im ersten Stock unter spitzem Dach, die Markthalle residieren. Nachdem dort jahrzehntelang Blumen angeboten worden waren, wurde die Halle 1977 zum Konzertsaal umfunktioniert. Bis heute bietet die Markthalle einen großen Saal, der bis zu tausend Gäste fasst, und links daneben die sogenannte »Kleine Markthalle« für Veranstaltungen der dezenteren Art. Darüber, ob nun die Krautrocker von *Embryo* oder die *Sadista Sisters* als Erste dort auf der Bühne standen, widersprechen sich die Angaben, aber letztlich ist das auch egal.

Das Timing war jedenfalls ideal, um die Markthalle und Punk zusammenzubringen. Dass die »Umgebung architektonisch funktionell geprägt« sei, steht auf Wikipedia zu lesen, was die seltsam unterkühlte Stimmung der Gegend ganz treffend beschreibt. Aber von der Markthalle aus ist man in wenigen Minuten im weniger funktionellen Karoviertel, also der Gegend, in der um 1977 die ersten Punkrocker der Hansestadt eine Heimat fanden.

Wo Punk eigentlich ursprünglich mal herkam, ist unter Experten bis heute ein beliebtes Streitthema. Waren *The Stooges* mit Iggy Pop die ersten Punkrocker? Oder *The Ramones?* Oder doch *The Sex Pistols?* Einigkeit herrscht immerhin darüber, dass Punk Mitte der Siebzigerjahre in London zur Bewegung wurde und Bands wie *The Sex Pistols, The Damned, The Stranglers* und eben *The Clash* den Soundtrack dazu lieferten.

In Hamburg gingen die ersten großen Punk-Spektakel in der Markthalle über die Bühne. Veranstalter von legendären Nächten dort, wie »Geräusche für die Achtziger«, war der *Sounds*-Journalist Alfred Hilsberg, dem die Popkultur den Begriff »Neue Deutsche Welle« sowie das enorm einflussreiche Label »Zickzack Records« verdankt. Mit Klaus Maeck eröffnete Hilsberg damals im Karoviertel den Plattenladen »Rip Off«, wo die Punk-Szene ebenso zusammenfand wie in der Kneipe »Marktstuben«. Die Geschichten und Legenden über Schlägereien mit Teds, Verfolgungsjagden nach Konzerten und so weiter füllen längst Bücher. Es war eine überhitzte Zeit, in der auch heftig darüber gestritten wurde, was nun eigentlich Punk ist und was nicht.

Als Joe Strummer und *The Clash* am 20. Mai 1980 nach Hamburg reisten, um in der Markthalle aufzutreten, waren sie bereits auf dem Weg in die Champions League der Musikbranche. Ihr mittlerweile legendäres Album »London Calling« war einige Monate zuvor veröffentlicht worden und hatte die Band endgültig ins weltweite Rampenlicht befördert. Da

Strummers Leben änderte sich auf einen Schlag, nachdem eine seltsame Band namens *The Sex Pistols* als Support für die *101ers* aufgetreten war: Er schnitt sich die Haare ab, färbte sie nitroweiß, schmiss die Schlaghosen weg, besorgte sich eine hautenge schwarze Lederjacke und hatte sich von John Mellor in Joe Strummer verwandelt.

kommerzieller Erfolg vielen aufrechten Punkrockern aber als Hochverrat, Ausverkauf und vieles andere Verwerfliche galt, waren die streitbaren Punk-Polizisten in Hamburg nicht gut auf Joe Strummer und Konsorten zu sprechen. Obendrein war ihnen irgendwann aufgegangen, dass *The Clash* bei keinem unbeugsamen Indie-Label unter Vertrag waren, sondern ihre Platten bei dem globalen Konzern CBS (heute Sony) erschienen. Natürlich hätte die erzürnte Punker-Zunft die Markthalle auch einfach boykottieren können, aber stattdessen drängte sie in rauflustiger Stimmung in den knallvollen ausverkauften Saal am Hauptbahnhof. Die aufgeladene Stimmung ist auf der Platte verewigt, deren cooles nüchternes Cover hier zu sehen ist. Und es ist kein Zufall, dass ausgerechnet dieser Tonträger eben nicht bei einer großen Plattenfirma erschien, sondern illegal, als sogenanntes Bootleg. In jener Nacht war die Stimmung in der Markthalle jedenfalls extrem aufgeladen, und nachdem Joe Strummer sich eine Weile geduldig hatte bespucken und beschimpfen lassen, reichte es auch ihm. Die Geschichten darüber, was genau dann passierte, sind verschieden. Vermutlich malträtierte er genervt einen der zickigen Hamburger Punks mit seiner Gitarre. Schlimm war es nicht, trotzdem kam am Ende die Polizei, um mit Strummer zu klären, was genau passiert war. Klar war aber schnell, dass es eine Nacht war, an die sich alle Beteiligten lange erinnern würden. Als *The Clash* nicht viel später Arenen füllten, verlor Strummer die Freude an der Band.
Nach dem Ende von *The Clash* zog er sich für einige Jahre aus der Branche zurück. Und kehrte dann in den Neunzigern mit seiner nächsten Band *The Mescaleros* in die Markthalle zurück: »Eigentlich ein toller Ort«, sagte er damals grinsend. Nicht viel später starb Strummer überraschend an einem Herzfehler im Schlaf. Die Markthalle steht zum Glück noch immer und hat sich auch gar nicht großartig verändert.

THE CLASH

CLASH IN HAMBURG

Not on Label, 1980
Discogs Durchschnittspreis: € 21,00
Foto: k.A
Design: k.A
Location: Markthalle, Klosterwall, Zentrum

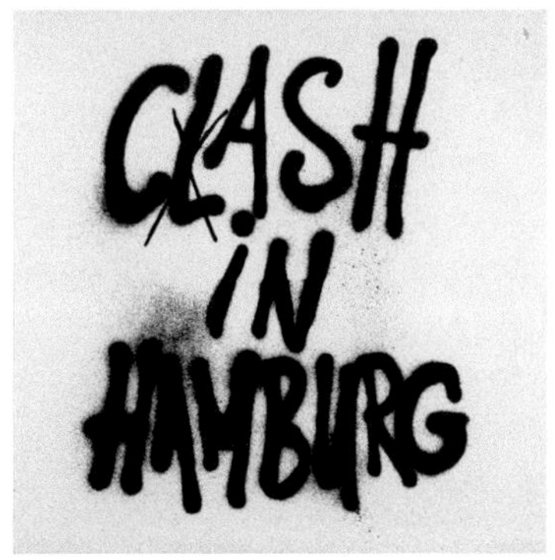

PALAIS SCHAUMBURG
PALAIS SCHAUMBURG

Eine Subkultur ist endgültig Geschichte, wenn sie, als vom Goethe-Institut kuratierte Ausstellung, im Museum landet. »Geniale Dilletanten« hieß eine Schau, die Anfang 2016 im Hamburger Museum für Kunst und Gewerbe zu bestaunen war. Beleuchtet wurde die »Subkultur der 1980er Jahre in Deutschland« anhand von Fotos, Videos und allerlei historischem Schnickschnack. Artefakte, die das Schaffen von Bands wie *Deutsch Amerikanische Freundschaft, Der Plan, Einstürzende Neubauten, F. S. K., Die Tödliche Doris, Malaria!, Ornament und Verbrechen* oder *Palais Schaumburg* illustrierten. Eine deutsche Subkultur, die allerdings bis heute keinen wirklichen Namen hat: New Wave? Neue Deutsche Welle? Post Punk? Klar ist zumindest, dass Punk diesen »Genialen Dilletanten« den Weg bereitet hatte.

In der zweiten Hälfte der Siebziger hatten die sogenannten Punkrocker die etablierte Musikindustrie heftig durchgeschüttelt. Altgediente und Bombast-Rocker wie *Emerson, Lake and Palmer, Pink Floyd, Genesis* oder *Yes* schienen auf einen Schlag wie Zombies aus einer versunkenen Epoche. Elektrisierte junge Wilde wie *The Clash, The Damned,* die *Ramones, The Stranglers* oder die *Sex Pistols* hatten den Alten signalisiert, dass es an der Zeit sei, von der Bühne zu schleichen.

Es war ein Beben, das weltweit zu spüren war. Auch in Hamburg ging es hoch her, insbesondere im Karoviertel, wo man in den »Marktstuben« zusammenkam, um ausgelassen und außerdem ziemlich rauflustig zu rebellieren. Allerdings war eben auch klar, dass »No Future« eigentlich keine Zukunft haben konnte. Das Ziel, für Unruhe zu sorgen, war dummerweise schnell erreicht und Punk ja nur für den Augenblick der Unruhestiftung gedacht gewesen.

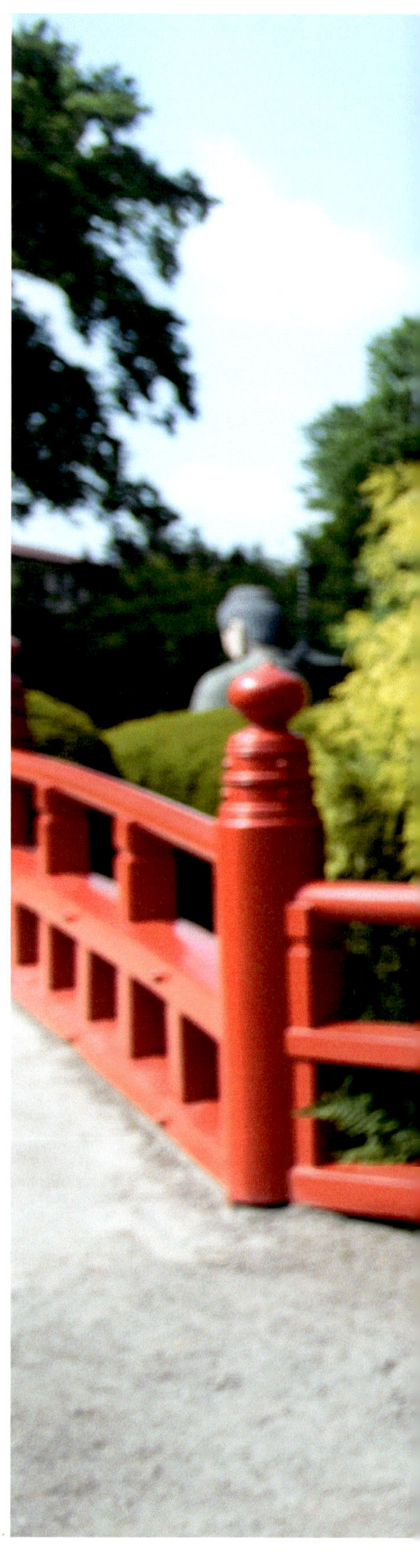

Bandgründer Thomas Fehlmann machte nicht nur Musik, sondern entwarf auch das Plattencover – und stellte mit der roten Schriftfarbe einen Bezug zur Brücke in Hagenbecks Tierpark her.

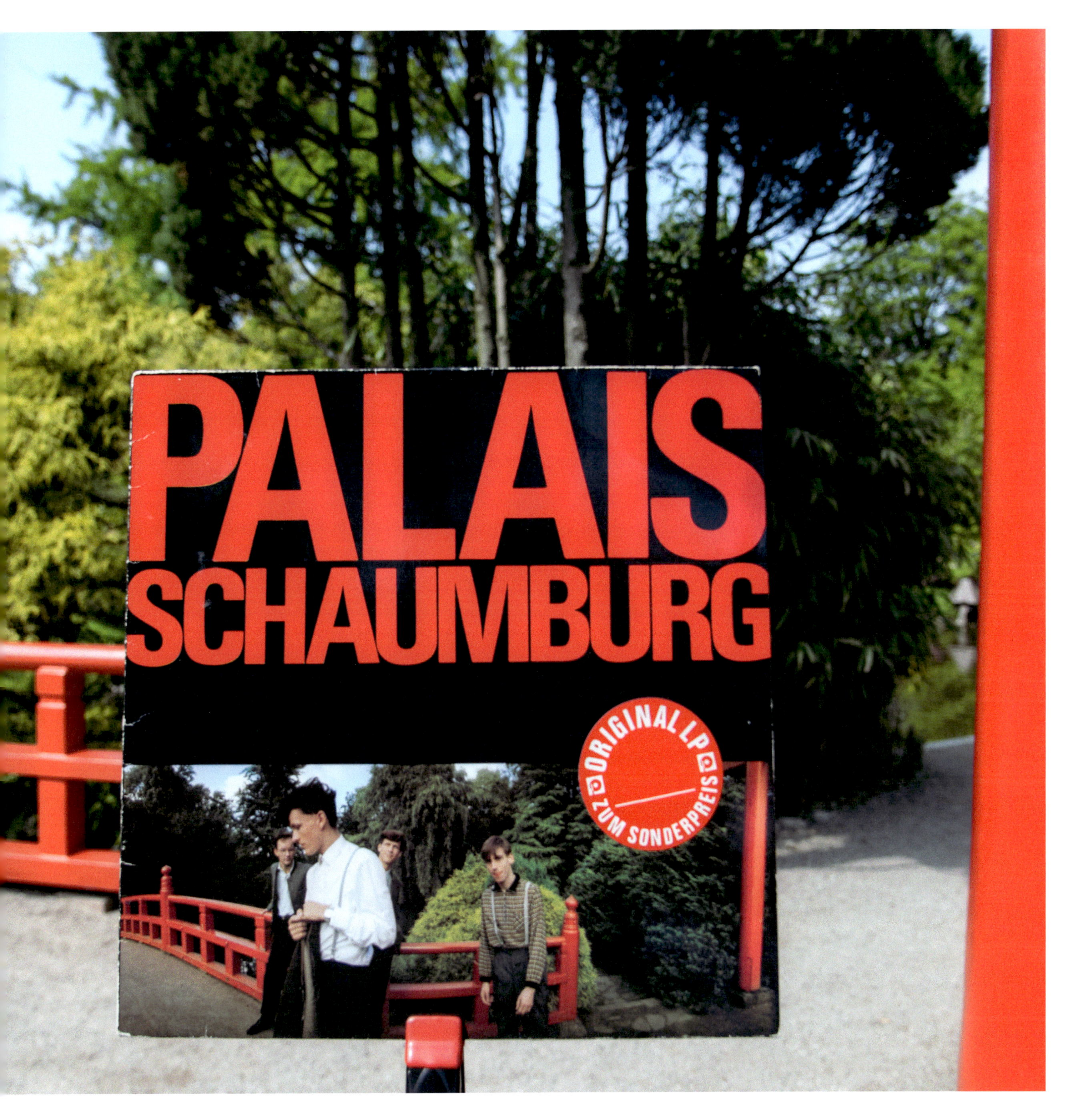
PALAIS
SCHAUMBURG
ORIGINAL LP
ZUM SONDERPREIS

1981

Da stellen die vier ihre Anzughosen, Oberhemden, Hosenträger und Janker lässig zur Schau, sind von allen äußerlichen Punk-Klischees Lichtjahre entfernt und scheinen sich eher auf dem Weg zu einer Vernissage in den Zoo verirrt zu haben.

Es blieb die erfrischende Erkenntnis, dass jeder auf einer Bühne stehen und irgendwie Musik machen, Konzerte veranstalten oder sogar eine Plattenfirma starten kann – und dass Virtuosität letztlich überschätzt ist. Das alles wurde im Punk zwar auch fröhlich praktiziert, allerdings stand vielen Beteiligten immer wieder die eigene starre Ideologie im Weg: Was war erlaubt? Was nicht? Und wo begann der Ausverkauf? Lauter Fragen, die letztlich dazu führten, dass der durch Denkverbote regulierte Punkrock oft ziemlich rumpelig und bieder war. Obendrein war zu Beginn der Achtziger sehr viel mehr in Bewegung als nur die Musikwelt. Auch in Mode, Kunst und im Film herrschte Aufbruchstimmung. Auf den strengen Krawall der Punkrock-Jahre folgte eine kunterbunte, genreüberschreitende neue Verspieltheit. Und in der Musik kehrte der Geist des sogenannten Krautrock zurück, der mit Rock eher nichts zu tun hatte. Es waren Bands wie *Can, Faust, Neu!, Tangerine Dream, Amon Düül* oder *Kraftwerk* gewesen, die zu Beginn der Siebziger einen eigenen Sound gesucht und gefunden hatten, also eine Musik, die nicht auf die übergroßen Vorbilder aus den USA und England zurückzuführen war. Damals jonglierten die sogenannten »Krauts« mit Genres wie Jazz, Avantgarde, Folk und Pop und setzten die Bestandteile zu etwas verblüffend Neuem wieder zusammen. Eine ähnliche Abenteuerlust geisterte in den frühen Achtzigern durch das Musikuniversum. In England und den USA loteten Bands wie *Scritti Politti, ABC, Human League, Devo* oder *Dexys Midnight Runners* die Grenzen der Popkultur neu aus, verbanden Pop und Soul, Folk und Avantgarde. In der Hansestadt Hamburg waren auch die Musiker von *Palais Schaumburg* auf der Suche nach frischen Klängen.

Der Schweizer Thomas Fehlmann war damals nach Hamburg gezogen, um Kunst zu studieren, und hatte das Glück, Conrad Schnitzler als Gastprofessor zu haben. Der Beuys-Schüler Schnitzler war eine der prägenden Figuren des Krautrock gewesen, hatte in Berlin den legendären Zodiac Free Arts Club mitbegründet, mit Edgar Froese *Tangerine Dream* gestartet und später mit *Cluster* herausfordernde Klänge produziert. Er war ein unruhiger Geist, ständig auf dem Sprung, stets auf der Suche nach Veränderungen. Fehlmann war von der Begegnung mit Schnitzler so beflügelt, dass er ebenfalls begann, mit neuen Formen zwischen Kunst und Musik zu experimentieren. Für tausend Mark hatte er sich einen Synthesizer der Marke MS-20 besorgt, staunte, was sich damit alles anstellen ließ, und lernte Holger Hiller kennen, der ebenfalls einen MS-20 besaß: »Die beiden MS-20 zusammenstöpseln zu können war ein Riesenvorteil. Die Fähigkeiten waren auf einmal verdoppelt. Da ist das Gehirn nur so übergekocht. Dann wurden wir in Stuttgart von der Galerie Max Hetzler eingeladen. Die bereiteten gerade eine Ausstellung vor: Oehlen, Kippenberger. Und wir haben die Musik dazu gemacht. Aber wir brauchten auch einen Namen – *Palais Schaumburg!* Und dann haben wir auch schon die erste Single bei Alfred Hilsberg herausgebracht: ›Rote Lichter‹.« So erinnert sich Fehlmann in dem Buch »Verschwende deine Jugend«. Der Schweizer hatte keinerlei musikalische Vorbildung, die brachte dafür Holger Hiller mit. Als dann noch Timo Blunck und Ralf Hertwig, der den zu den *Einstürzenden Neubauten* abgewanderten F.M. Einheit ersetzte, dazustießen, wurde aus *Palais Schaumburg* eine richtige Band. Und obwohl ihre erste Single noch bei dem Hamburger Punk-Label Zickzack Records veröffentlicht wurde, war doch klar, dass *Palais Schaumburg* wenig mit Punk im herkömmlichen Sinn zu tun hatten. Das begann schon mit der Kleidung, mit der sie auf dem Cover ihres 1981 erschienenen Debütalbums zu sehen sind: Da stellen die vier ihre Anzughosen, Oberhemden, Hosenträger und Janker lässig zur Schau, sind von allen äußerlichen Punk-Klischees Lichtjahre entfernt und scheinen sich eher auf dem Weg zu einer Vernissage in den

Zoo verirrt zu haben. Die rot angemalte Brücke, vor der sie für das Bild posieren, steht übrigens im Tierpark Hagenbeck in Hamburg-Stellingen. Hagenbeck, der weltweit erste Tierpark ohne Gitter, wurde 1907 in Betrieb genommen, als das Gelände, auf dem er sich befindet, noch gar nicht zu Hamburg gehörte, sondern zu Preußen. Bis heute ist der Zoo im Privatbesitz der Familie Hagenbeck und zieht Jahr für Jahr mehr als eine Million Besucher an. Zu Beginn der Achtziger waren *Palais Schaumburg* dort gelandet, weil sie für ihre Fotosessions immer auf der Suche nach möglichst ungewöhnlichen Orten waren – zuvor waren die Musiker mal in einem »Wolpertinger Laden am Steindamm« (Timo Blunck) und mit »Vorstadthäusern in Rahlstedt« fündig geworden. Hagenbeck sei auch so eine Idee gewesen, erinnert sich Blunck. Gemeinsam mit dem Fotografen Michael von Gimbut, der Mitte der Siebziger das berühmt-berüchtigte und später verbotene »Virgin Killer«-Cover für die *Scorpions* geschossen hatte, probierten *Palais Schaumburg* einige Orte auf dem weitläufigen Zoogelände aus und landeten schließlich bei der rot angemalten japanischen Brücke, die auf dem Cover zu sehen ist: »Das Foto ist irgendwie seltsam. Ich schaue Ralf merkwürdig über die Schulter, Holger streckt die Zunge raus. Ich vermute, dass wir entschieden hatten, mal nicht zu posieren«, erinnert sich der Bassist Blunck. Thomas Fehlmann, der das Cover entwarf, stellte mit dem großformatigen roten Schriftzug einen Bezug zur Farbe der Hagenbeck-Brücke her.

Nach diesem Debütalbum verließ Holger Hiller die Band. Mitte der Achtziger gingen *Palais Schaumburg* dann getrennte Wege. Timo Blunck ist in den vergangenen Jahren allerdings einige Male zur japanischen Brücke zurückgekehrt, um seinen Kindern zu zeigen, wo damals das Cover der längst als Klassiker geltenden Platte entstand. Und seit einiger Zeit geben *Palais Schaumburg* sogar wieder Konzerte in der Hagenbeck-Besetzung. Ihre Geschichte ist noch nicht zu Ende.

PALAIS SCHAUMBURG

PALAIS SCHAUMBURG

Phonogram, 1981
Discogs Durchschnittspreis: € 14,00
Foto: Michael von Gimbut
Design: Thomas Fehlmann
Location: Tierpark Hagenbeck, Stellingen

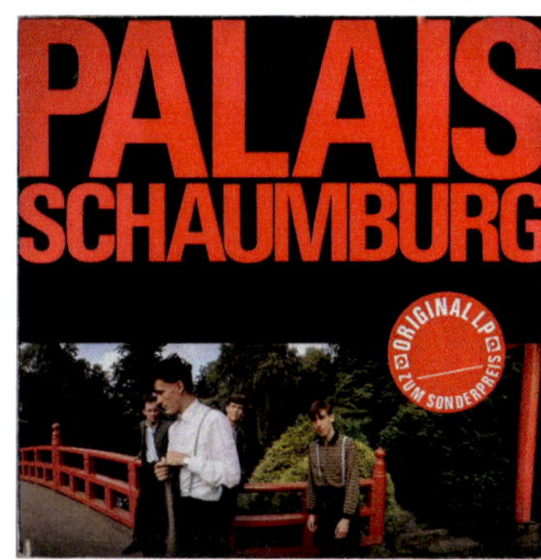

1981

LUTZ BÖRNER
HAMBURG IST TOLL BEIM ROCK 'N ROLL

Ich komme ja aus Hamburg, das find ich furchtbar toll. Bei uns, da spielt man harten Beat und starken Rock 'n' Roll.« Schwer zu sagen, wovon Lutz Börner träumte oder was er erwartete, als er beschloss, seine Single »Hamburg ist toll beim Rock 'n Roll« zu produzieren. Bei einer großen Plattenfirma war er jedenfalls nicht untergekommen. Vielleicht hatte er das aber auch gar nicht versucht. Möglich, dass er sich einfach nur den Traum von einer eigenen Schallplatte erfüllen wollte. »LBS« heißt das Label, bei dem die Single erschienen ist, was für »Lutz Börner Schallplatten« stehen könnte. Man tut Börner kein Unrecht, wenn man behauptet, dass er eher kein Naturtalent als Sänger war. Umso eindrucksvoller ist sein Drang, seine Stimme auf Vinyl zu verewigen. Auch seine Liebe zu Hamburg scheint tief zu sitzen. Entsprechend breit lächelnd wirft er sich, ganz in grauem Leder, am Fischmarkt, unterhalb von St. Pauli, in Pose. Und als sei das alles nicht genug, veröffentlichte er noch eine ganze CD mit Hamburg-Love-Songs wie »Mien Hamburg«, »Wer mal in Hamburg war« oder »Unser Hummel-Lied«. Die hier verewigte Single widmete er jedenfalls einer gewissen Karin zur Erinnerung an ihre gemeinsame »Schlagerzeit«. Dummerweise scheint jener Karin dieses Erinnerungsstück später abhandengekommen zu sein, weshalb es hier gezeigt werden kann. Mehr Platten von Lutz Börner scheint es nicht zu geben. Und wie seine Laufbahn als Sänger weiterging, wird sein Geheimnis bleiben.

LUTZ BÖRNER
HAMBURG IST TOLL

Hamburg ist toll beim Rock 'n Roll /
Elbwasser und Rock 'n Roll
Lutz Börner Singles, 1981
Discogs Durchschnittspreis: € 14,00
Foto: k.A.
Design: k.A.
Location: Landungsbrücken, St. Pauli

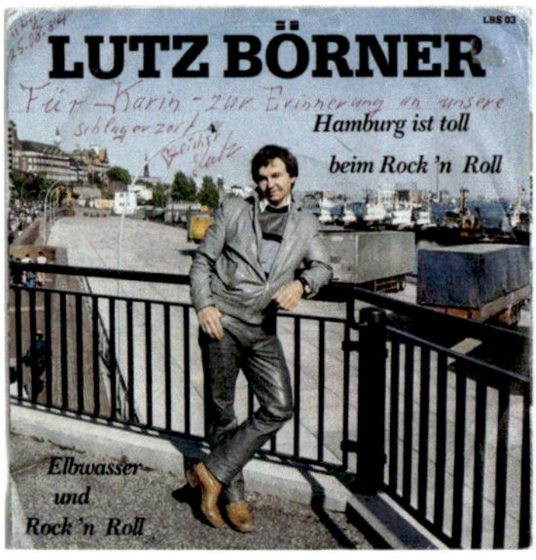

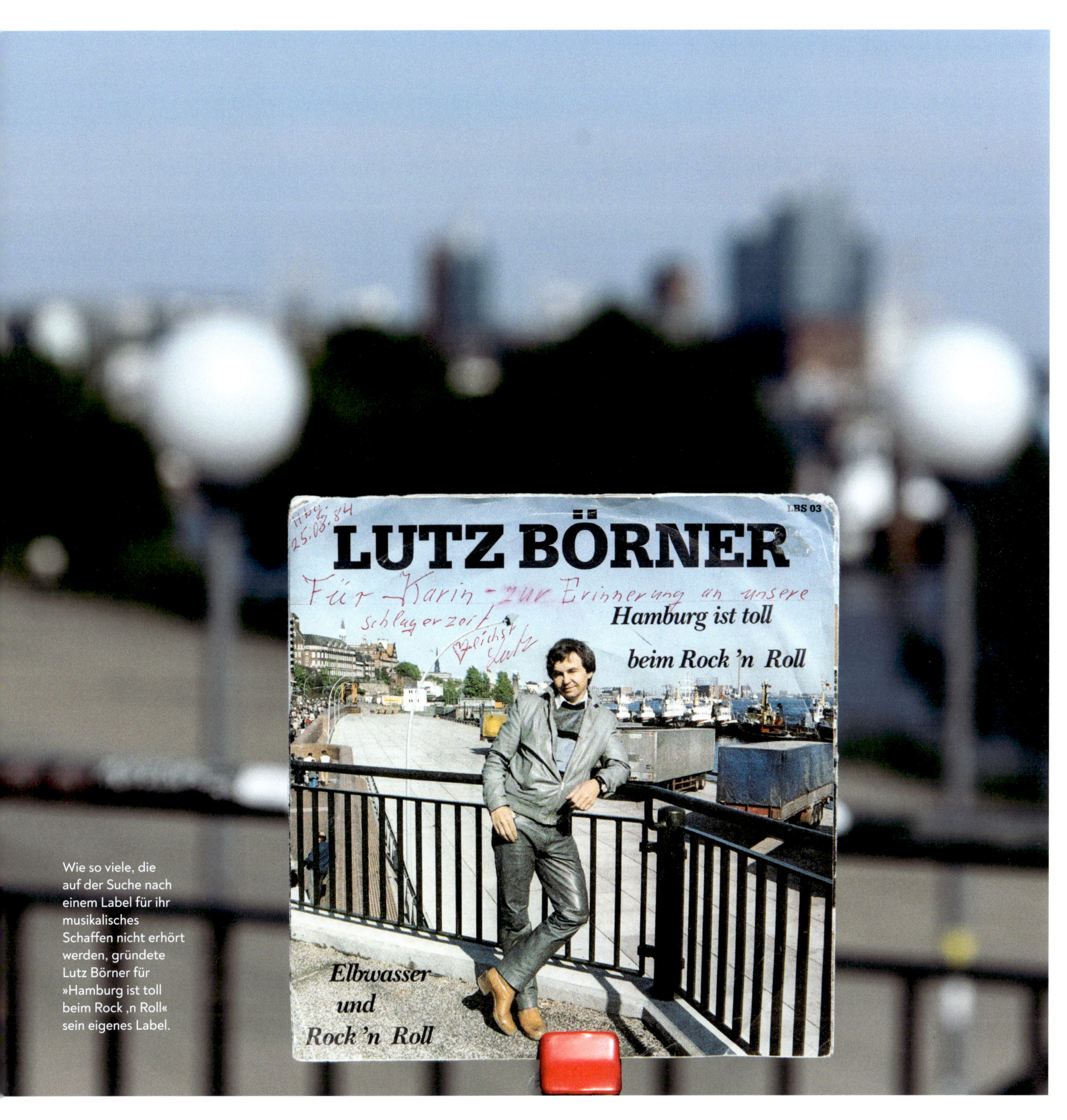

Wie so viele, die auf der Suche nach einem Label für ihr musikalisches Schaffen nicht erhört werden, gründete Lutz Börner für »Hamburg ist toll beim Rock ‚n Roll« sein eigenes Label.

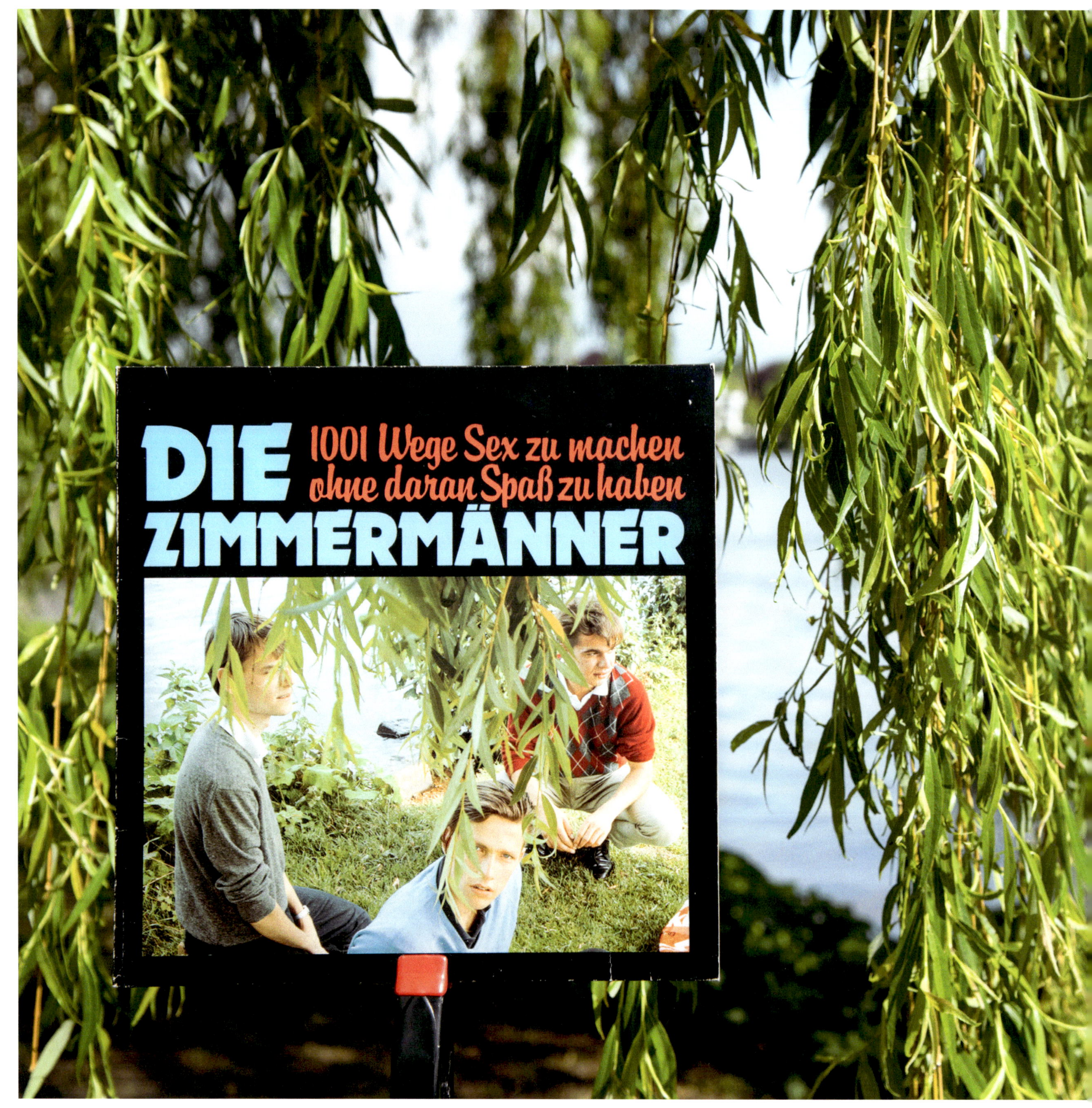
DIE
1001 Wege Sex zu machen
ohne daran Spaß zu haben
ZIMMERMÄNNER

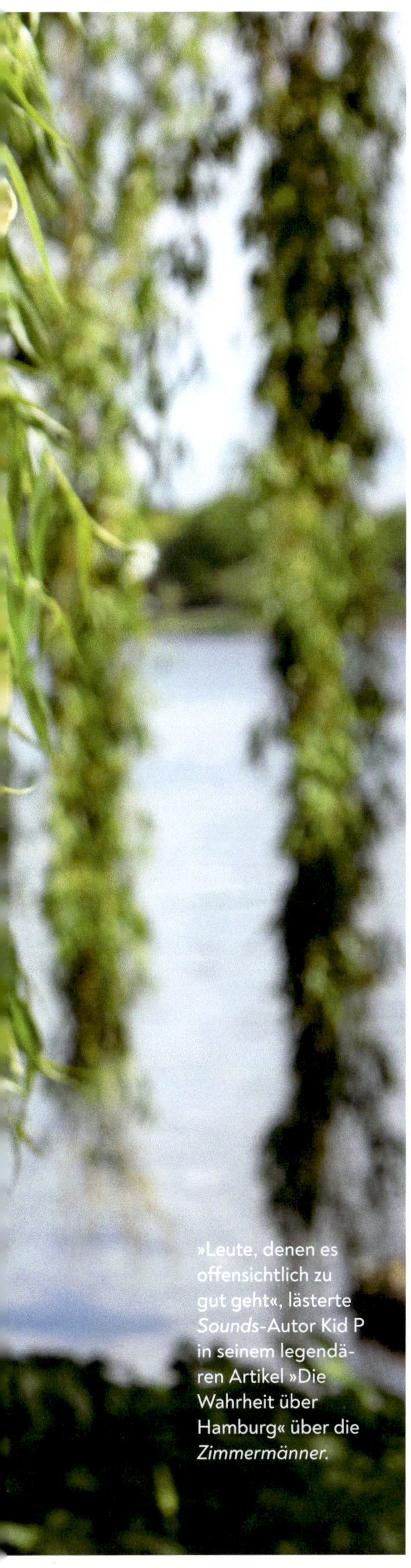

»Leute, denen es offensichtlich zu gut geht«, lästerte *Sounds*-Autor Kid P in seinem legendären Artikel »Die Wahrheit über Hamburg« über die *Zimmermänner.*

1982

DIE ZIMMERMÄNNER
1001 WEGE SEX ZU MACHEN OHNE DARAN SPASS ZU HABEN

Punk war zu Beginn der Achtziger eigentlich abgehakt. Aber Punk hatte auch im Großraum Hamburg einiges in Bewegung gebracht, also zum Beispiel die Erkenntnis, dass letztlich viel mehr geht, als man bis dahin überhaupt geahnt hatte. Zum Beispiel bei den *Zimmermännern,* über die bei Wikipedia vermerkt ist, dass die beteiligten Musiker das Gymnasium besucht haben. »Leute, denen es offensichtlich zu gut geht«, lästerte einst *Sounds*-Autor Kid P in seinem legendären Artikel »Die Wahrheit über Hamburg«. Für ihr Debütalbum, dessen Cover hier zu bestaunen ist, ließen sich die drei Oberschüler Timo Blunck, Detlef Diederichsen und Christian Kellersmann dann auch passenderweise an der Alster mit V-Pullovern und grüblerischen Mienen porträtieren. Die Alster stand zwar immer für das betuchte Hamburg, für Gründerzeitvillen mit Wasserzugang, aber auch für romantische Ausflüge mit dem Paddelboot und die Eleganz der unbeeindruckt ihre Kreise ziehenden Schwäne. Sich an der Alster porträtieren zu lassen steht aber letztlich auch für eine unbeschwerte Verspieltheit, so wie die *Zimmermänner* sie zelebrierten. Und eine fröhliche Leichtigkeit, die neu war im deutschen Pop. Sporadisch führen die *Zimmermänner* ihre Songs heute noch auf – nur ohne V-Pullover. Und auch an der Alster hat sich so weit kaum etwas verändert.

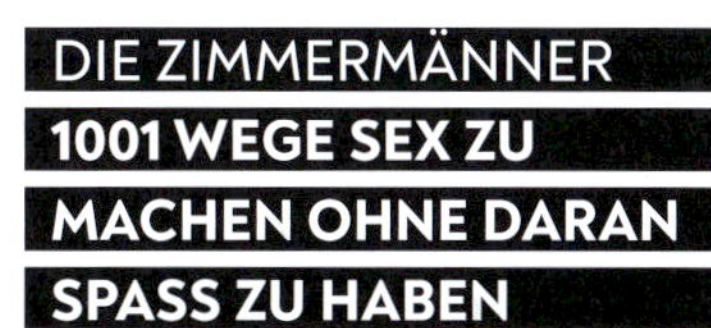

ZickZack, 1982
Discogs Durchschnittspreis: € 32,00
Foto: Thomas Fehlmann
Design: Thomas Schulz
Location: Außenalster, Harvestehude

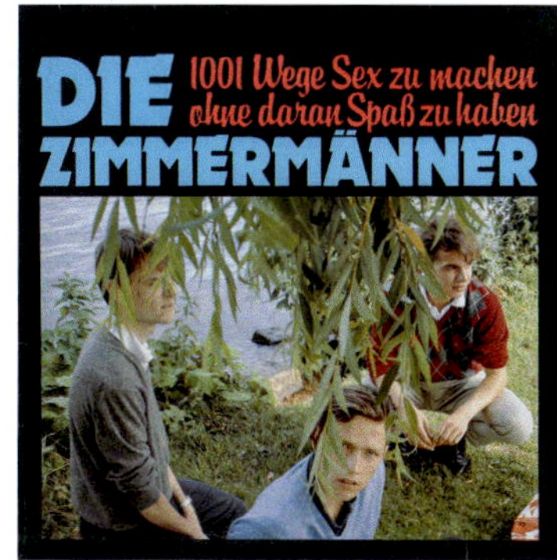

1983

HANNES WADER
NICHT NUR ICH ALLEIN

Dass die Falkenried-Terrassen noch erhalten sind, kann als kleines Wunder durchgehen, denn Denkmalschutz wird in Hamburg eher nicht so ernst genommen. Die historische Anlage im Stadtteil Hoheluft wurde um 1890 für Angestellte der Straßenbahnwerke und Hafenarbeiter errichtet und bietet 324 Zweizimmerwohnungen mit maximal 46 Quadratmetern. Dass jede davon sogar ein eigenes WC hatte, galt damals als unerhörter Luxus. Die Gebäude sind jeweils 140 Meter lang und dreigeschossig, der Komplex wird von fünf Privatstraßen durchzogen. Etwas Besonderes also.

Während des Zweiten Weltkriegs wurden auch die Falkenried-Terrassen erheblich zerstört und standen in den Jahrzehnten danach immer mal wieder vor dem Komplettabriss, bis sie in den Siebzigern saniert wurden und seitdem von einem Mieterverein verwaltet werden. So werden die Wohnungen – in mittlerweile absolut hochpreisiger, allerbester Lage – bis heute ausschließlich an Geringverdiener vergeben. Kein Wunder, dass sich dort der Bielefelder Barde Hannes – eigentlich Hans Eckard – Wader für sein Album »Nicht nur ich allein« porträtieren ließ. Denn diese postkartentaugliche Arbeiterarchitektur stand für alles, was dem ewigen Protestsänger und Liedermacher Wader wichtig war. Entsprechend robust posiert er dort, etwas rätselhaft in seinen akkurat gestutzten Bart hineinlächelnd, vor dem alten Gemäuer. Dass bezahlbarer Wohnraum in der Umgebung des Bildes für Gering- und Normalverdiener knapper denn je ist, verleiht dem Cover als sozialpolitischem Statement allerdings eine traurige Aktualität.

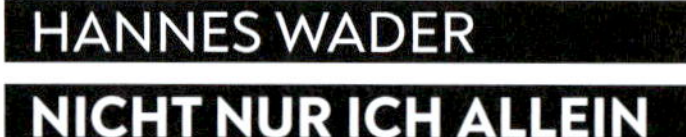

Pläne Verlag, 1983
Discogs Durchschnittspreis: € 5,00
Foto: Michael Meyborg
Design: k.A.
Location: Falkenried, Eppendorf

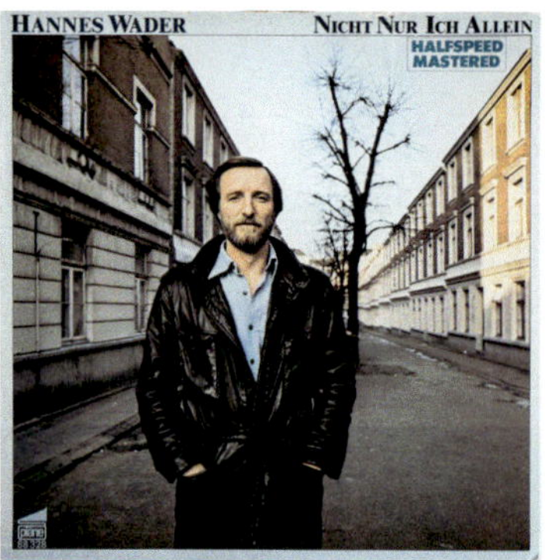

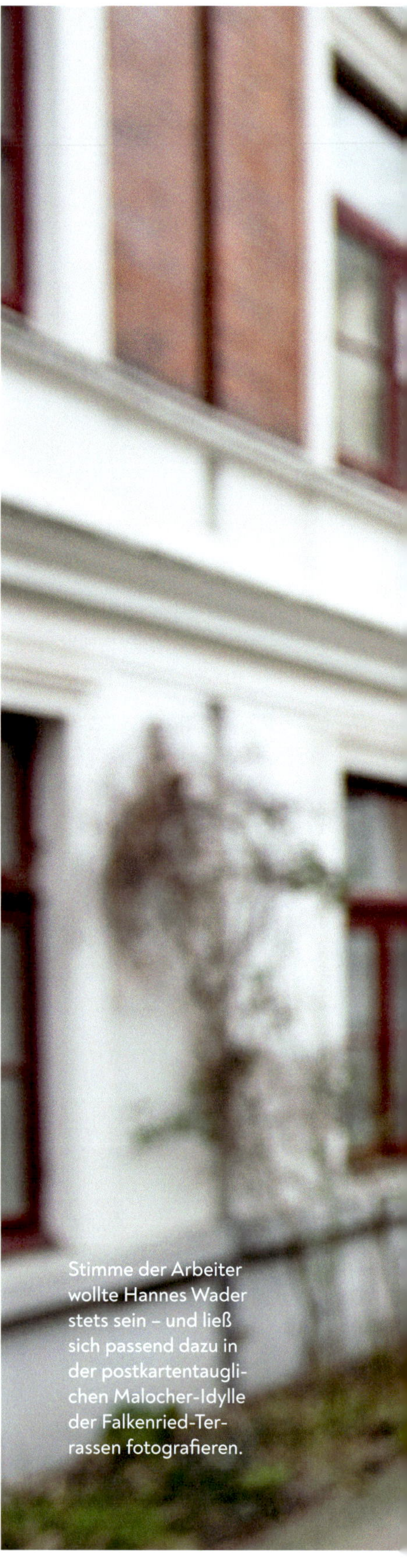

Stimme der Arbeiter wollte Hannes Wader stets sein – und ließ sich passend dazu in der postkartentauglichen Malocher-Idylle der Falkenried-Terrassen fotografieren.

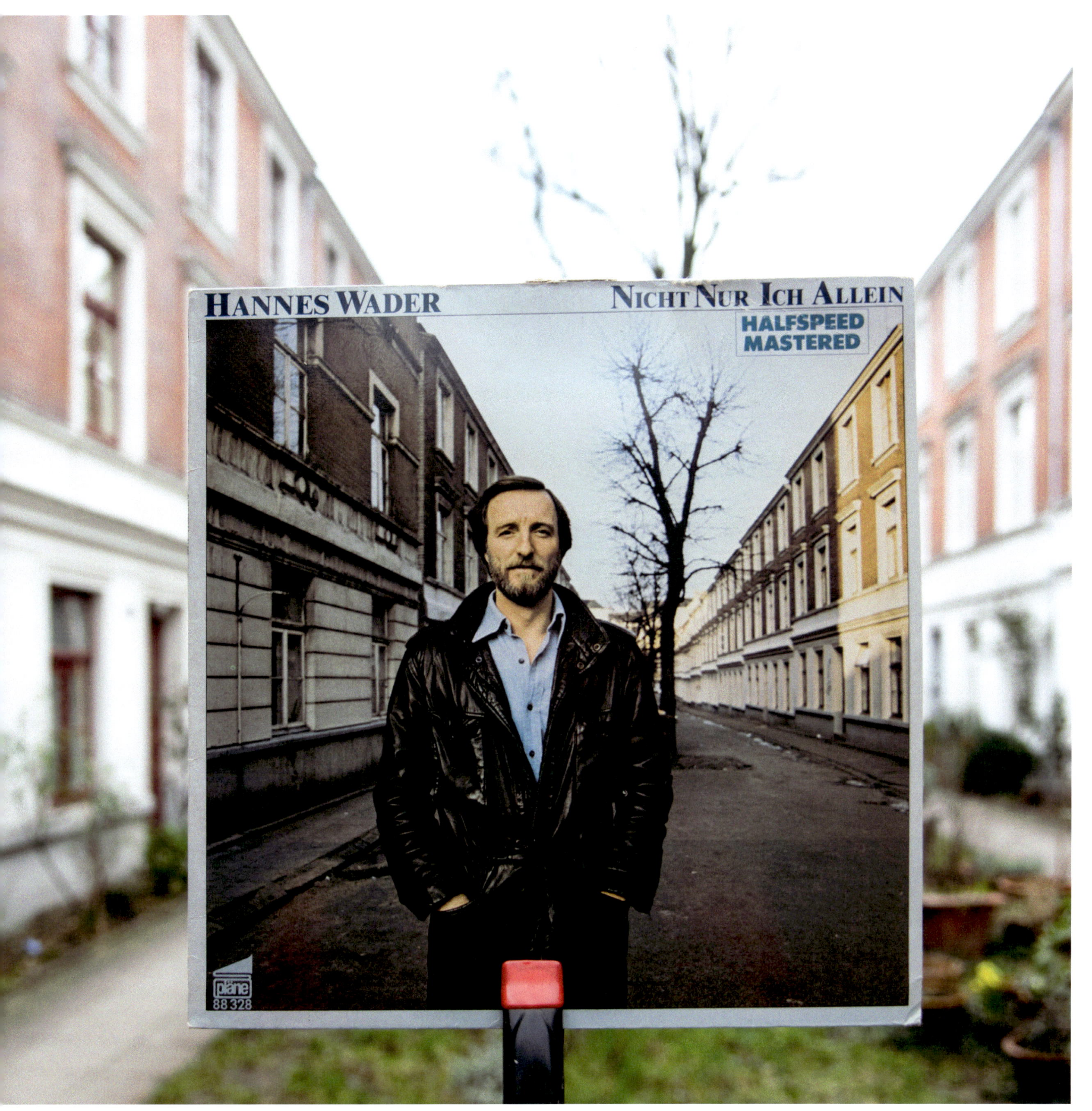
HANNES WADER
NICHT NUR ICH ALLEIN
HALFSPEED
MASTERED
pläne
88 328

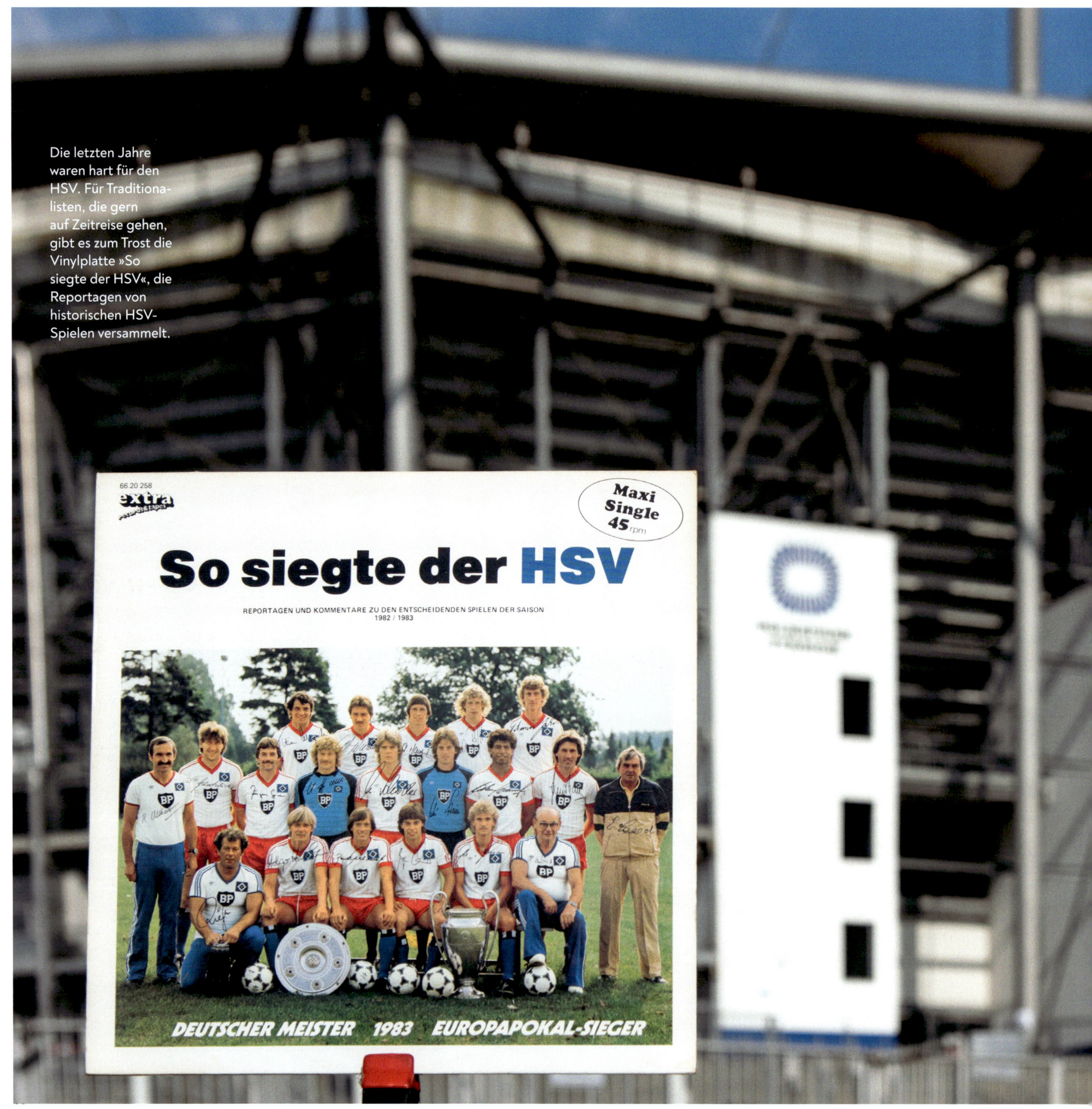

Die letzten Jahre waren hart für den HSV. Für Traditionalisten, die gern auf Zeitreise gehen, gibt es zum Trost die Vinylplatte »So siegte der HSV«, die Reportagen von historischen HSV-Spielen versammelt.

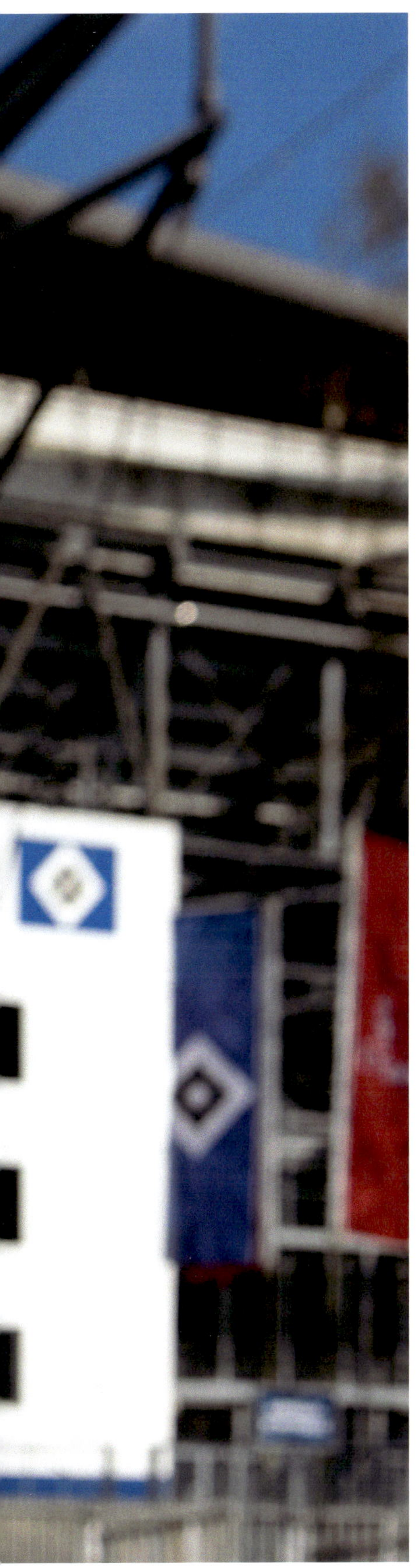

1983

HSV
SO SIEGTE DER HSV

Es gab tatsächlich mal eine Zeit, in der der Hamburger Sportverein, kurz HSV, spektakuläre Spiele in schöner Regelmäßigkeit für sich entscheiden konnte. Leider ist das gefühlte hundert Jahre her. Betagte HSV-Fans, die die frühen Achtzigerjahre im Volksparkstadion nicht nur auf YouTube erlebt haben, schwelgen heute zum Trost immer wieder in Erinnerungen an bessere Zeiten: Happel! Kaltz! Hrubesch! Alles Namen, die die Fantasie beflügeln. Traditionalisten, die gerne auf Zeitreisen gehen, dürften an der Vinylplatte »So siegt der HSV« ihre eskapistische Freude haben. Eine sogenannte »Maxisingle«, die Reportagen von historischen HSV-Begegnungen mit Werder Bremen, Schalke 04 und tatsächlich Juventus Turin bietet. Und ein Tonträger, der allein für das mürrische Gesicht von Trainer Ernst Happel auf der Plattenhülle sein Geld wert ist. Wem diese Trostplatte nicht reicht, kann sich natürlich noch auf das Fachgebiet »Singende Fußballer« stürzen, das ein Fass ohne Boden ist. Was den HSV angeht, reicht es vom »Uwe Seeler Marsch« über »Gib den Ball zu Uwe Seeler« und Manfred »Manni« Kaltz sowie die Nationalmannschaft bis hin zu Kevin Keegan. Letztgenannter wurde 1979 mit dem HSV Deutscher Meister und landete mit dem Song »Head over Heels« tatsächlich auch einen Treffer in der Hitparade. Auf den HSV angesprochen, schwärmt Keegan bis heute von seiner Zeit in Hamburg. Lange her.

HSV
SO SIEGTE DER HSV

Reportage und Kommentare zu den entscheidenden Spielen der Saison 1982/1983
Extra Records & Tapes, 1983
Discogs Durchschnittspreis: € 5,00
Design: k.A.
Location: Volksparkstadion, Stellingen

1985

TOM WAITS
RAIN DOGS

Der Mann, den die Frau auf dem Cover des Tom-Waits-Albums »Rain Dogs» umarmt, sieht zwar aus wie Tom Waits, ist aber nicht Tom Waits. René heißt der Knabe, der sich da mit entblößtem Oberkörper und geschlossenen Augen an eine gewisse Lily schmiegt. Ein Bild, das so bekannt geworden ist wie die Musik dazu. Der schwedische Fotograf Anders Petersen schoss es Ende der Sechzigerjahre im berühmt-berüchtigten Café Lehmitz an der Reeperbahn, einem dieser seltsamen Orte, die auch gern »Absturzkneipen« genannt werden wie der Goldene Handschuh und der Elbschlosskeller. Von 1967 bis 1971 kehrte Petersen mit seiner Kamera immer wieder ins Lehmitz zurück, um die Menschen, die dort zu fortgeschrittener Stunde durch den Laden geisterten, zu porträtieren. Gestrandete, Alkoholiker, Prostituierte, Freier, Transvestiten und Melancholiker, von Tom Waits »Rain Dogs« getauft: »Die Betrogenen der Städte – die Verlierer des Lebens, die im Schatten des großen Mammons verkümmern«, wie der Waits-Biograf Barney Hoskyns das einmal beschrieb. Petersen gelang es, diese Menschen abzubilden, ohne sie vorzuführen, und sein Blick auf die Lehmitz-Rain-Dogs ist letztlich liebevoll. Wer heute auf der Reeperbahn unterwegs ist, kann im Lehmitz immer noch einen Platz am alten Tresen finden, denn bis auf die Besucher hat sich dort in den vergangenen Jahrzehnten so viel nicht geändert.

TOM WAITS
RAIN DOGS

Island Records, 1985
Discogs Durchschnittspreis: € 27,00
Foto: Anders Petersen, aus dem Buch »Café Lehmitz«
Design: Peter Corriston
Location: Reeperbahn, St. Pauli

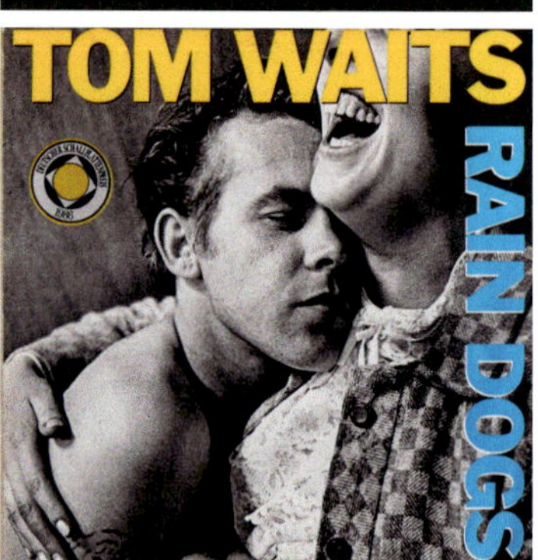

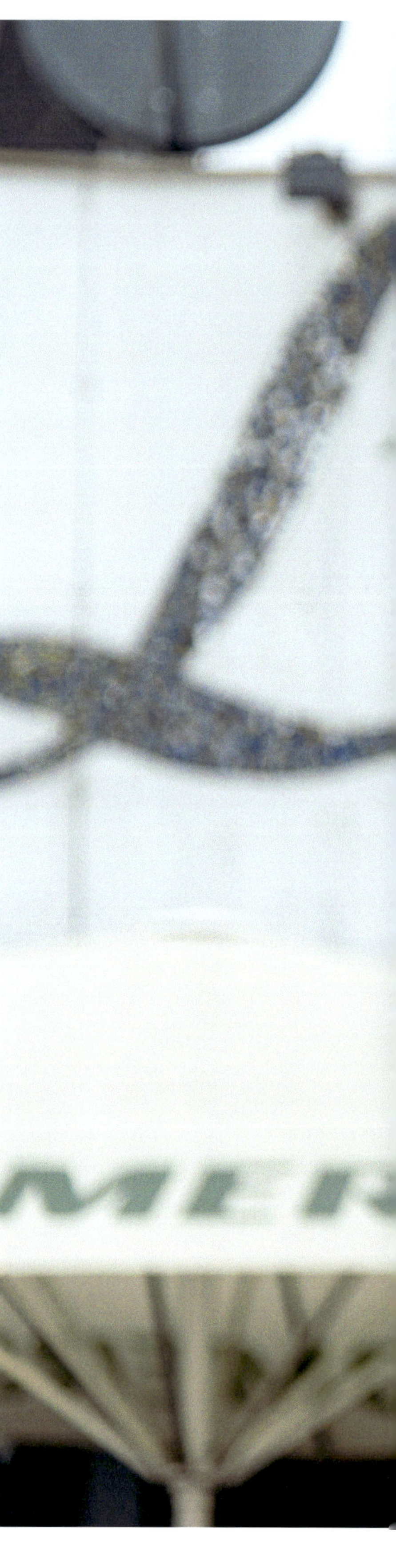

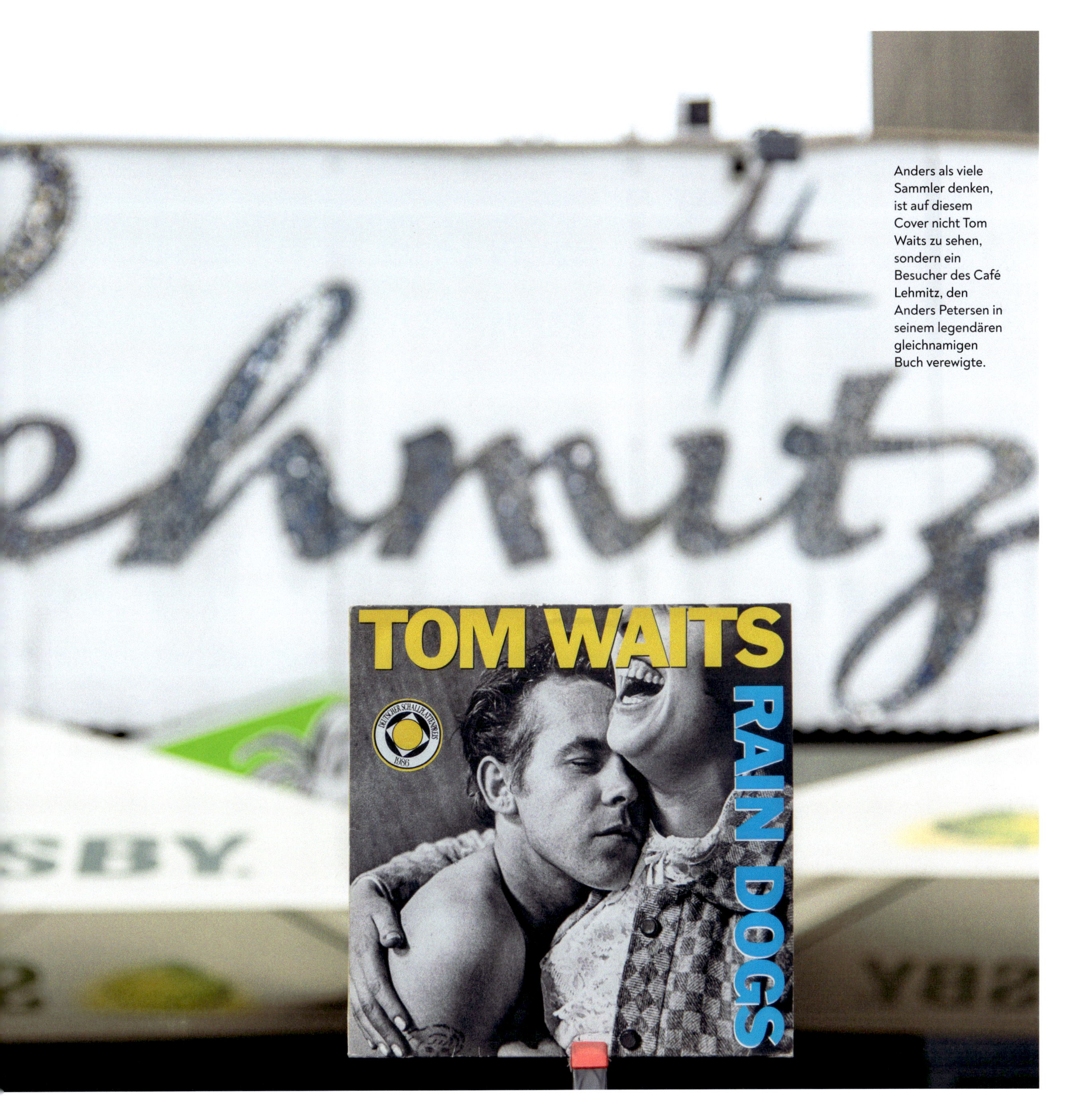

Anders als viele Sammler denken, ist auf diesem Cover nicht Tom Waits zu sehen, sondern ein Besucher des Café Lehmitz, den Anders Petersen in seinem legendären gleichnamigen Buch verewigte.

1987

HAMBURGER ARROGANZ
LIVIN' IN HAMBURG

Fiorucci. Lacoste. Benetton. Diesel. Timberland. Aigner: Alles Marken, die in den frühen Achtzigerjahren die sogenannten Popper in der Hansestadt Hamburg zur Schau trugen und damit für erstaunliche Aufregung sorgten. Denn Popper waren eine Jugendbewegung, die ausnahmsweise gegen exakt gar nichts rebellierte.
Im Gegenteil, Popper wollten genauso so sein wie ihre betuchten Eltern oder zumindest so aussehen. Dafür warfen sie sich teuer in Schale – natürlich auf Kosten der Eltern – und taten dekorativ nichts, außer gut auszusehen.
Hamburg, Ende der Siebziger, die Stadt mit der höchsten Millionärsdichte in Europa gilt als Brutstätte dieser seltsamen Spezies, die manche Leute nicht weniger zur Weißglut trieb als andere die Punks. Die Brutgebiete der Popper in Hamburg waren die Elbvororte wie Blankenese, Klein Flottbek, Othmarschen oder Hochkamp sowie Poppen- bzw. Wellingsbüttel und ähnliche Wohlstandsnester. Elegant gelangweilt hingen sie in Hamburgs erster McDonald's-Filiale an der Eppendorfer Landstraße, im Café Knips am S-Bahnhof Klein Flottbek oder in Plattenläden wie »Rocco« an der Waitzstraße in Othmarschen ab. Der Soundtrack dazu waren Soul, Disco und Pop von Bands wie *ABC, Spandau Ballet* und *The Human League*. Musik, die auch die Band *Die Hamburger Arroganz* inhaliert hatte, wie ihrem Debüt anzuhören ist. Origineller ist da die standesgemäße Wolfgang-Joop-Illustration, die das Cover schmückt. Ob die Hamburg-Popper-Jubel-Texte der *Hamburger Arroganz* Ironie oder brutaler Ernst waren, ist schwer zu sagen. In diesem Jahrtausend taugt ihre Musik zumindest für eine Zeitreise in eine lange versunkene parfümierte Welt.

HAMBURGER ARROGANZ
LIVIN' IN HAMBURG

Teldec Schallplatten, 1987
Discogs Durchschnittspreis: € 3,00
Illustration: Wolfgang Joop
Design: Hark Weidling
Location: Jungfernstieg, Hamburg-Mitte

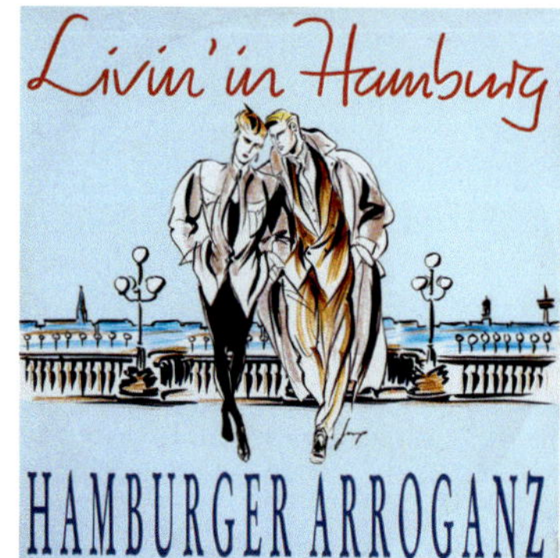

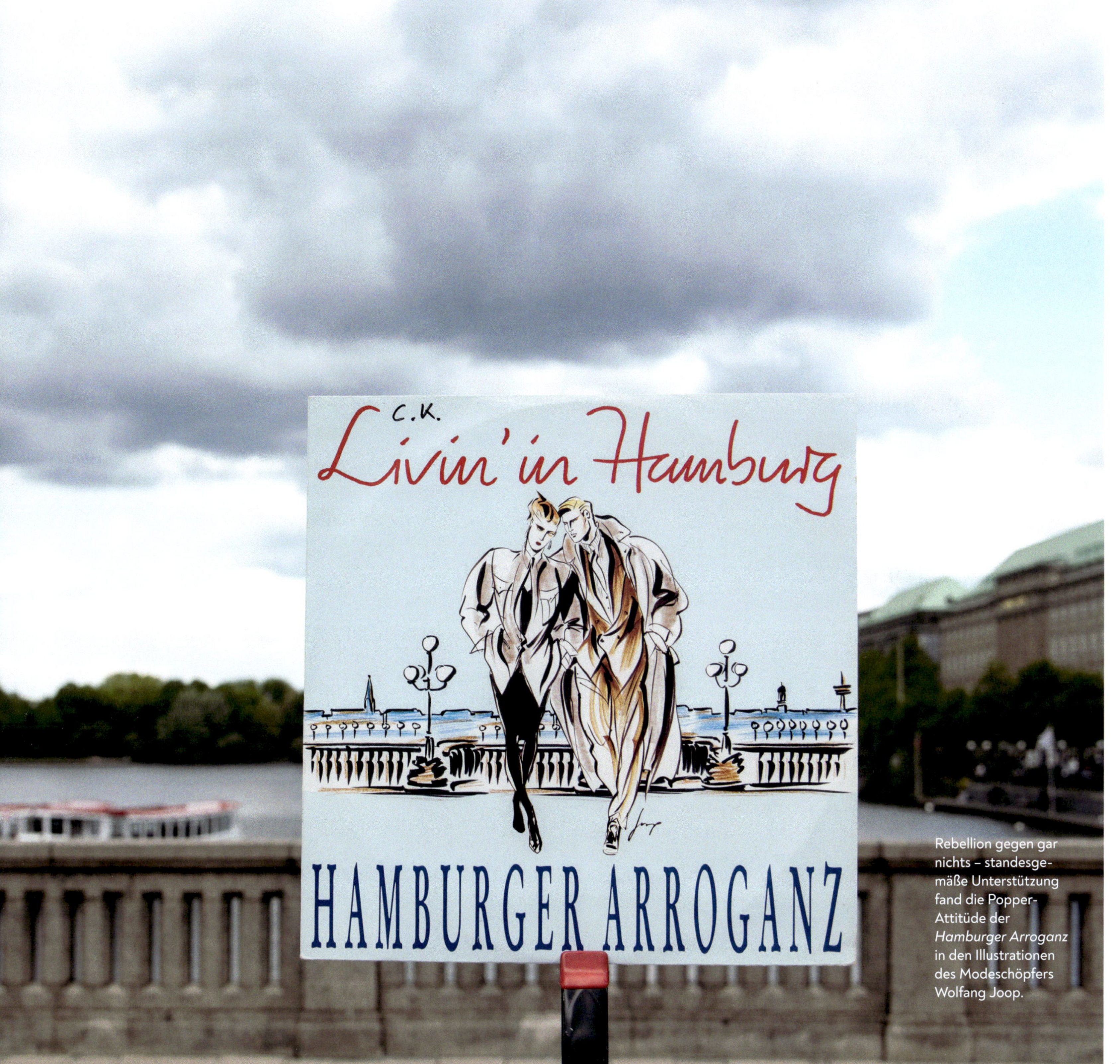

Rebellion gegen gar nichts – standesgemäße Unterstützung fand die Popper-Attitüde der *Hamburger Arroganz* in den Illustrationen des Modeschöpfers Wolfang Joop.

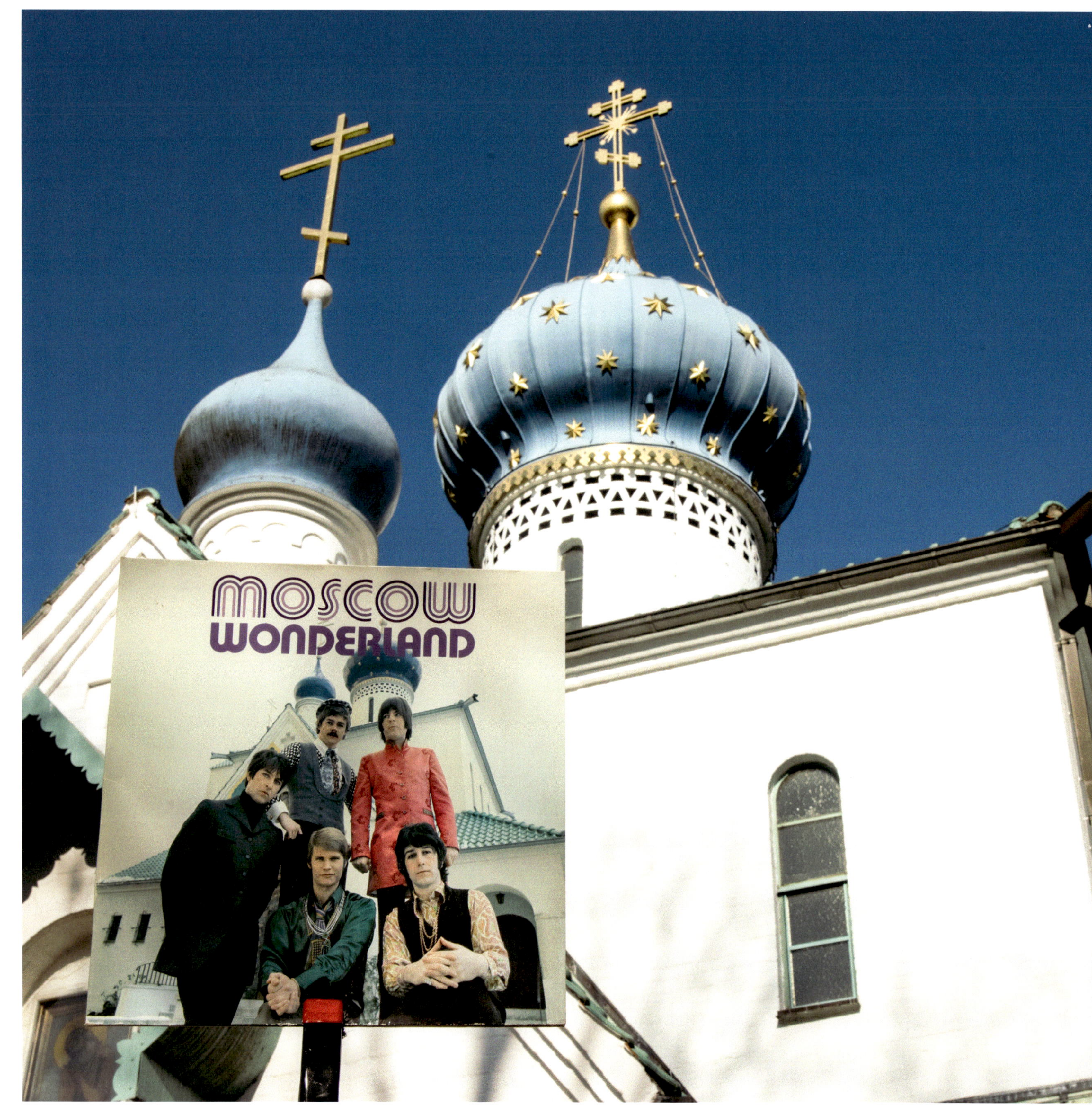
MOSCOW
WONDERLAND

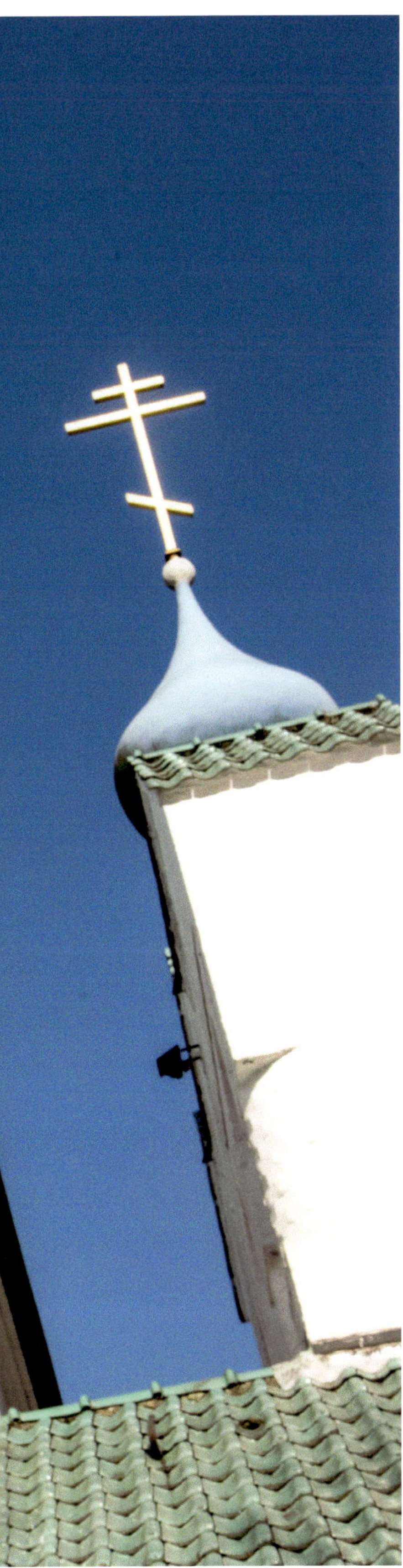

»Moscow«, die erste Single der Band *Wonderland,* war im Radio gleich ein Renner. Deshalb musste flugs eine russische Kulisse her – die »Kirche des heiligen Prokop« in Eimsbüttel.

WONDERLAND **MOSCOW**

Hätte der Hamburger Jung Achim Reichel die Familientradition fortgeführt, wäre er zur See gefahren, so wie sein Vater und sein Großvater. Reichel senior war meistens auf den Weltmeeren unterwegs und wenn er mal kurz in Hamburg anlegte, zeigte er dem Junior sein Schiff und war auch schon wieder weg. In der Bernhard-Nocht-Straße, wo Familie Reichel einen Steinwurf entfernt von Hafen und Elbe wohnte, kamen immer wieder Karten aus aller Welt an, die das Fernweh des kleinen Achim weckten. Aber ebenso nah und mindestens so verlockend wie die Elbe mit ihrem Versprechen von Weite und Abenteuer war die Reeperbahn.

Der sogenannte Kiez, dieses Vergnügungsviertel mit »zweifelhaftem Ruf«, wie Reichel mal amüsiert formulierte, zog abenteuerlustige Teenager magisch an. Und der Soundtrack für lange, dunkle, funkelnde Kieznächte war in der ersten Hälfte der Sechzigerjahre auch in Hamburg der Beat – ein Musik gewordener, lustvoller Krawallsound, den die *Rolling Stones,* die *Kinks,* die *Animals* und vor allem die *Beatles* vom Vereinigten Inselkönigreich in die weite Welt exportierten.

Dass die Fabelhaften Vier aus Liverpool erst in Hamburg zur erstklassigen Band reiften, ist wohlbekannt. Natürlich infizierten sie auch in der Hansestadt eine ganze Generation. Achim Reichel war sechzehn, als er 1960 die *Rattles* gründete. Drei Jahre später gewann die Gruppe einen Wettbewerb im Star-Club, es folgte eine erste Single, und dann nahm die Karriere der Hamburger-Beat-Jungs rasant an Fahrt auf. Fünf Wochen lang waren sie mit Little Richard, Bo Diddley und den *Rolling*

1988

Gleich die erste Single »Moscow« war ein Treffer. Weil die Nummer 1968 ein Renner im Radio und in den Charts war, musste wohl flugs ein passendes »russisches« Werbebild mit den Künstlern her.

Stones in England auf Konzertreise. In Liverpool wurden sie sogar als »Deutsche Beatles« gefeiert. Kein Wunder, dass die *Rattles* dann im Vorprogramm der *Beatles*-Blitztournee in München, Essen und selbstverständlich Hamburg unterkamen. Es half natürlich, dass der blondmähnige Sänger Achim Reichel auch Posterboy-Qualitäten hatte. Dummerweise kam dann ein Einberufungsbescheid dazwischen, die Haare wurden gestutzt, und statt kreischender Mädchen in Clubs gab es für Reichel nur noch straffe Befehle in der Kaserne. Nachdem er den Dienst am Vaterland überstanden hatte, kehrte der Popstar gereift und mit frischen Ideen zurück an die Elbe. Dort pachtete er mit Frank Dostal, der ihn bei den *Rattles* vertreten hatte, den Star-Club, was sich allerdings als nur mittelguter Einfall erwies, da sie bald Konkurs anmelden mussten, und startete ebenfalls mit Dostal die Band *Wonderland,* was eine sehr viel bessere Idee war. Lässig produziert vom gern unterschätzten James Last, mit Les Humphries an den Keyboards, wurde der ruppige *Rattles*-Beat für *Wonderland* entschleunigt und um sanft vernebelte Psychedelik erweitert, so wie bei den frühen *Pink Floyd* oder den *Bee Gees.*

Gleich die erste Single »Moscow« war ein Treffer. Weil die Nummer 1968 ein Renner im Radio und in den Charts war, musste wohl flugs ein passendes »russisches« Werbebild mit den Künstlern her. Irgendwer muss dann auf die »Kirche des heiligen Prokop« in Hamburg-Eimsbüttel gekommen sein. Ein schniekes Bauwerk, dessen Name klingt wie von Monty Python erdacht. Tatsächlich aber war der »Heilige Prokop« eine historische Figur, ein in Lübeck geborener Kaufmann, der sein Vermögen nach seinem Übertritt zum russisch-orthodoxen Glauben an die Bedürftigen weiterreichte. Das Gebäude wurde in der ersten Hälfte der Sechziger erbaut und 1965 eingeweiht. Was Reichel und *Wonderland* aber vermutlich ziemlich egal gewesen sein dürfte, als sie sich davor ablichten ließen. Nach dem Erfolg von »Moscow« gingen *Wonderland* mit den *Bee Gees* auf Konzertreise durch Deutschland und traten 1970 noch mit *Deep Purple* im Berliner Sportpalast auf, aber dann ging die Geschichte der Formation langsam zu Ende, denn auch mit *Wonderland* hielt es der unruhige Geist Reichel nicht lange aus. Nach allerlei personellen Umbesetzungen war zu Beginn der Siebziger einfach die Luft raus. Bis heute debattieren Experten, wann genau die Popkultur der beschwingten Sechziger eigentlich endete. Mit der Implosion der *Beatles?* Oder mit der Nacht, in der die sogenannte »Family« des selbsternannten Sektenführers – und *Beatles*-Fans – Charles Manson nicht nur die Schauspielerin Sharon Tate massakrierte, sondern auch die blumige Unschuld der Hippies beerdigte?

Das neue Jahrzehnt brachte jedenfalls einen weitreichenden Umbruch in die Popkultur, der auch Achim Reichel veränderte. Über Nacht schien er das Interesse an klassischen Songstrukturen verloren zu haben. Auch die

Sehnsucht nach Triumphen in den Charts schien verpufft. Stattdessen erweiterte er, so wie viele andere Künstler, sein Bewusstsein mit allerlei Substanzen, was sich auch auf sein Verständnis von Musik nachhaltig auswirkte. Eher zufällig entdeckte er damals die Wirkungen, die Echoeffekte auf die Klänge von Gitarren haben können, was ihn so begeisterte, dass er das Echogerät quasi zur Band machte. Als »Achim Reichel and Machines«, kurz *A.R. & Machines,* wurde er zu einem Pionier des sogenannten Krautrock.

Der Knabe, der den Beat der Engländer kopiert hatte, war als Künstler erwachsen geworden und wurde ein fantasievoller Innovator, der eigenwillige Platten einspielte, die Musiker in aller Herren Länder noch Jahrzehnte später beeindrucken. Musik für ein großes Publikum war das selbstverständlich nicht, so dass der Familienvater Reichel schon aus finanziellen Gründen bald wieder den Stecker ziehen musste.

Die so ungewöhnliche wie erfolgreiche Idee, alte Seemannslieder, sogenannte »Shantys«, als Popsongs aufzubereiten, brachte ihn dann, auch kommerziell, zurück auf die Erfolgsspur. Seitdem hat der Wandlungskünstler Reichel eine der ungewöhnlicheren Karrieren der deutschen Popkultur absolviert. In unmittelbarer Nähe von Elbe und Reeperbahn wohnt er allerdings schon lange nicht mehr, sondern hat sich dezent am Hamburger Stadtrand im Grünen eingeigelt. Und die Hits von einst führt er mittlerweile, ganz seriös, in bestuhlten Hallen auf.

WONDERLAND

MOSCOW

Bear Tracks, 1988
Discogs Durchschnittspreis: € 32,50
Foto: k.A.
Design: k.A.
Location: Kirche des heiligen Prokop, Hagenbeckstraße, Stellingen

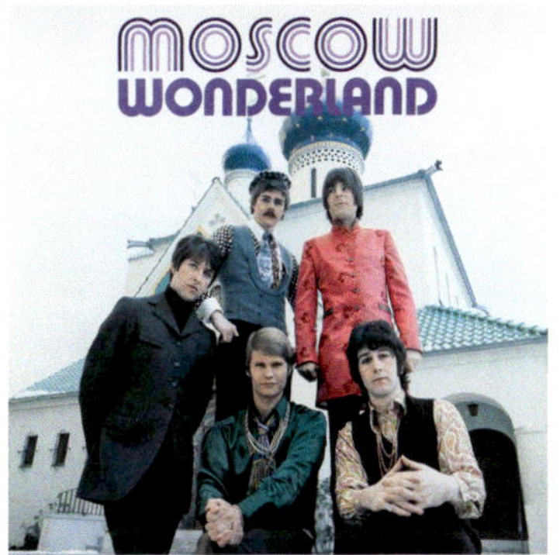

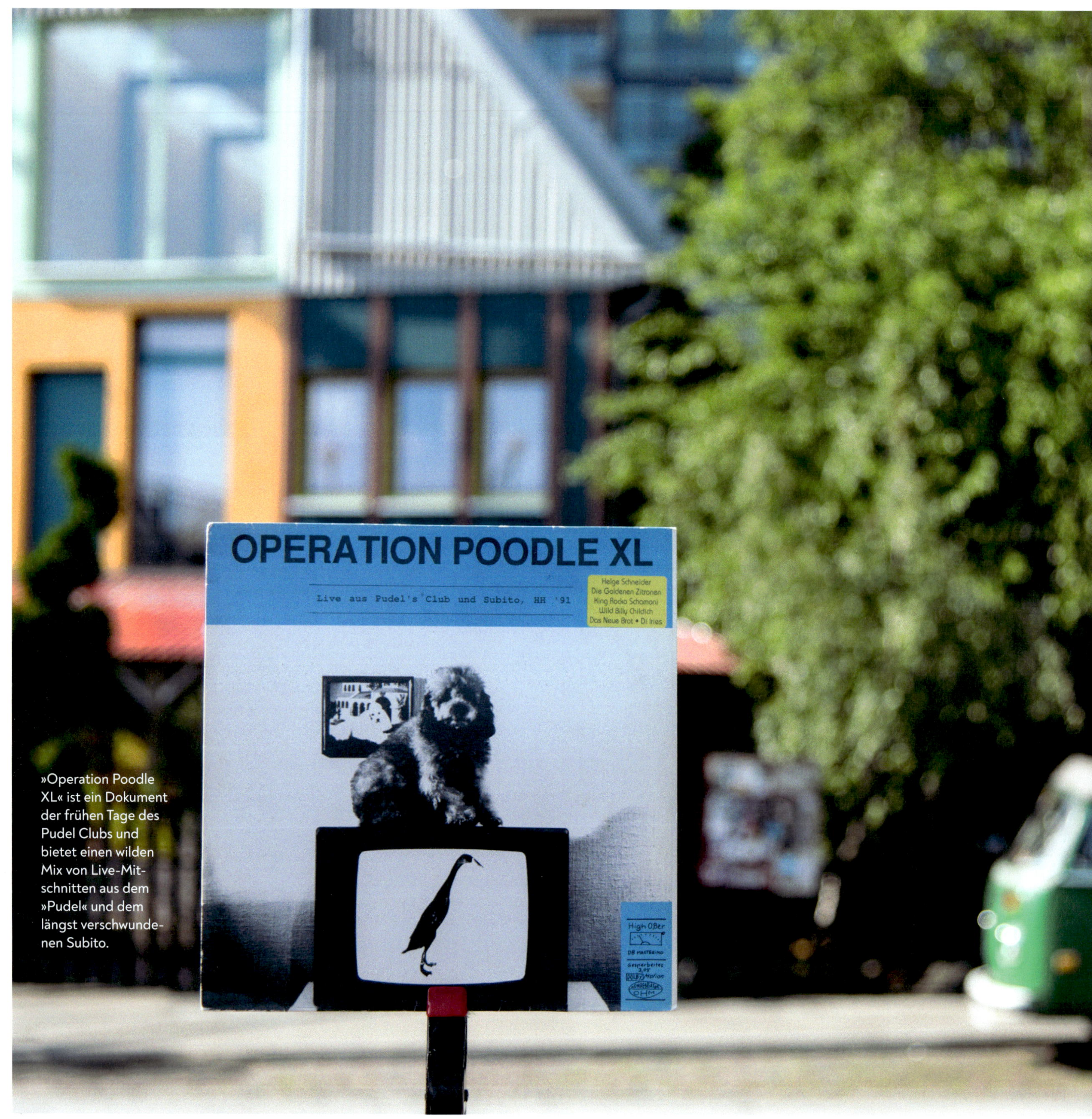

»Operation Poodle XL« ist ein Dokument der frühen Tage des Pudel Clubs und bietet einen wilden Mix von Live-Mitschnitten aus dem »Pudel« und dem längst verschwundenen Subito.

1992

OPERATION POODLE XL **LIVE AUS PUDEL'S CLUB UND SUBITO, HH '91**

Dass der legendenumwobene Hamburger Golden Pudel Club von außen betrachtet nicht viel hermacht, ist vermutlich einer der vielen Gründe für seine aberwitzige Erfolgsgeschichte. Das 1988 von Rocko Schamoni und Schorsch Kamerun gegründete Etablissement bezog Anfang der Neunziger seinen jetzigen Standort, ein ehemaliges Schmugglergefängnis im Schatten der Hafenstraße, nicht weit vom Fischmarkt. Als was immer man diesen Ort deuten mag: Er gilt weit über Hamburg hinaus als Brutstätte unkonventioneller Kreativität. Und klar ist auch, dass die Pudel-Macher bemüht sind, alles Konventionelle auf Abstand zu halten, um auf diese Weise ein Biotop für gepflegten Irrsinn, ob aus Hamburg oder dem Rest der Welt, zu bewahren. Entsprechend divers ist das musikalische Programm, das von Techno über Reggae bis zu Schubidu reicht und den Club zu einem Ort macht, der Freigeister aus aller Herren Länder magisch anzieht. Seit 1992 werden sogar »Pudel Produkte« in Umlauf gebracht. »Operation Poodle« ist ein Dokument der frühen Tage und bietet einen wilden Mix von Live-Mitschnitten aus eben dem Pudel und aus dem längst verschwundenen Subito. Es spielen auf: *Die Goldenen Zitronen,* Helge Schneider, *Wild Billy Childish,* Diedrich Diederichsen und allerlei Geistesverwandte. Heute geht der Tonträger als Rarität durch. Der »Pudel«, obwohl zeitweilig abgebrannt, steht immer noch ziemlich unverändert an der Elbe. Und Musik läuft auch noch.

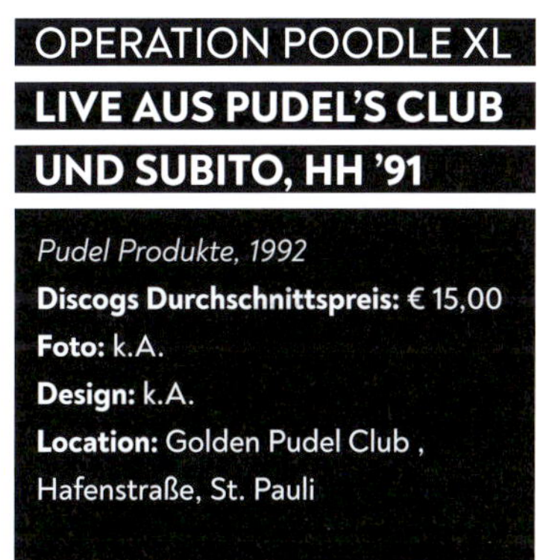

OPERATION POODLE XL
LIVE AUS PUDEL'S CLUB UND SUBITO, HH '91

Pudel Produkte, 1992
Discogs Durchschnittspreis: € 15,00
Foto: k.A.
Design: k.A.
Location: Golden Pudel Club , Hafenstraße, St. Pauli

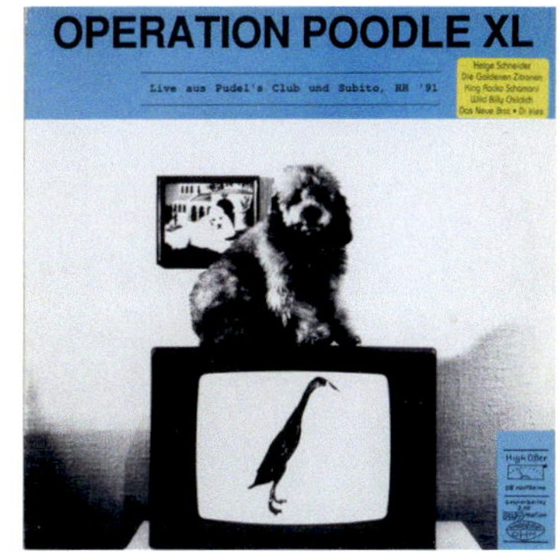

2005

FETTES BROT
AM WASSER GEBAUT

»Am Wasser gebaut« war eine Hommage der »Brote« an ihre Heimat. Und weil die Seele der Stadt am Hafen liegt, entschieden sie sich für das Covershooting bei Blohm + Voss.

Wo ist die Seele von Hamburg? Im Volksparkstadion? Am Millerntor? Im Golden Pudel Club? In der Elbphilharmonie? Am Fischmarkt? In der Herbertstraße? An der Alster? Oder doch am Hafen? Für Björn Beton und seine Mitstreiter König Boris und Dokter Renz, seit bald drei Jahrzehnten besser bekannt als Hip-Hop-Trio *Fettes Brot,* liegt die Seele der Hansestadt ganz klar am Hafen. Ihr Album »Am Wasser gebaut« war dann auch eine Hommage an ihre Heimat Hamburg. Und überhaupt war genau diese Platte sehr besonders für die »Brote«, weil es ihr erstes in Eigenregie veröffentlichtes Werk ist. Ein besonderer Schritt, für den sich die drei auf ihre Hamburger Wurzeln besannen. Womit wir wieder bei der Seele von Hamburg wären: Der Schwiegervater von Björn Beton hatte lange die Abteilung Feuerwehr bei der Traditionswerft Blohm + Voss geleitet. Mit dessen Hilfe bekamen die Musiker dort Zugang, um sich für dieses Cover ablichten zu lassen: »Ein Ort, der aufgeladen ist mit Geschichte und harter Arbeit«, sagt Björn Beton, der bürgerlich Björn Warns heißt. »Wir waren auf diesem Foto die ›Working Class Heroes‹ aus einer anderen Zeit, die wir zeigen wollten, und nirgendwo anders hätten wir das besser einfangen können. Wir waren niemals so sehr ›die Brote aus Hamburg an der Elbe‹.«

FETTES BROT

AM WASSER GEBAUT

Fettes Brot Schallplatten, 2005
Discogs Durchschnittspreis: € 38,00
Foto: Jan-Christoph Schulischen
Design: Felix Schlüter
Location: Blohm + Voss, Hafen, Steinwerder

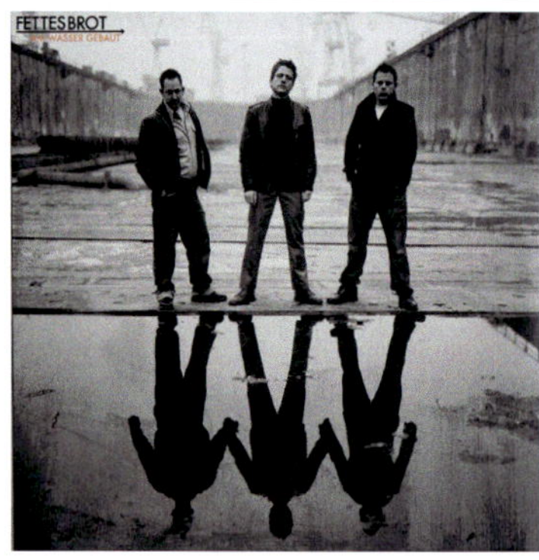

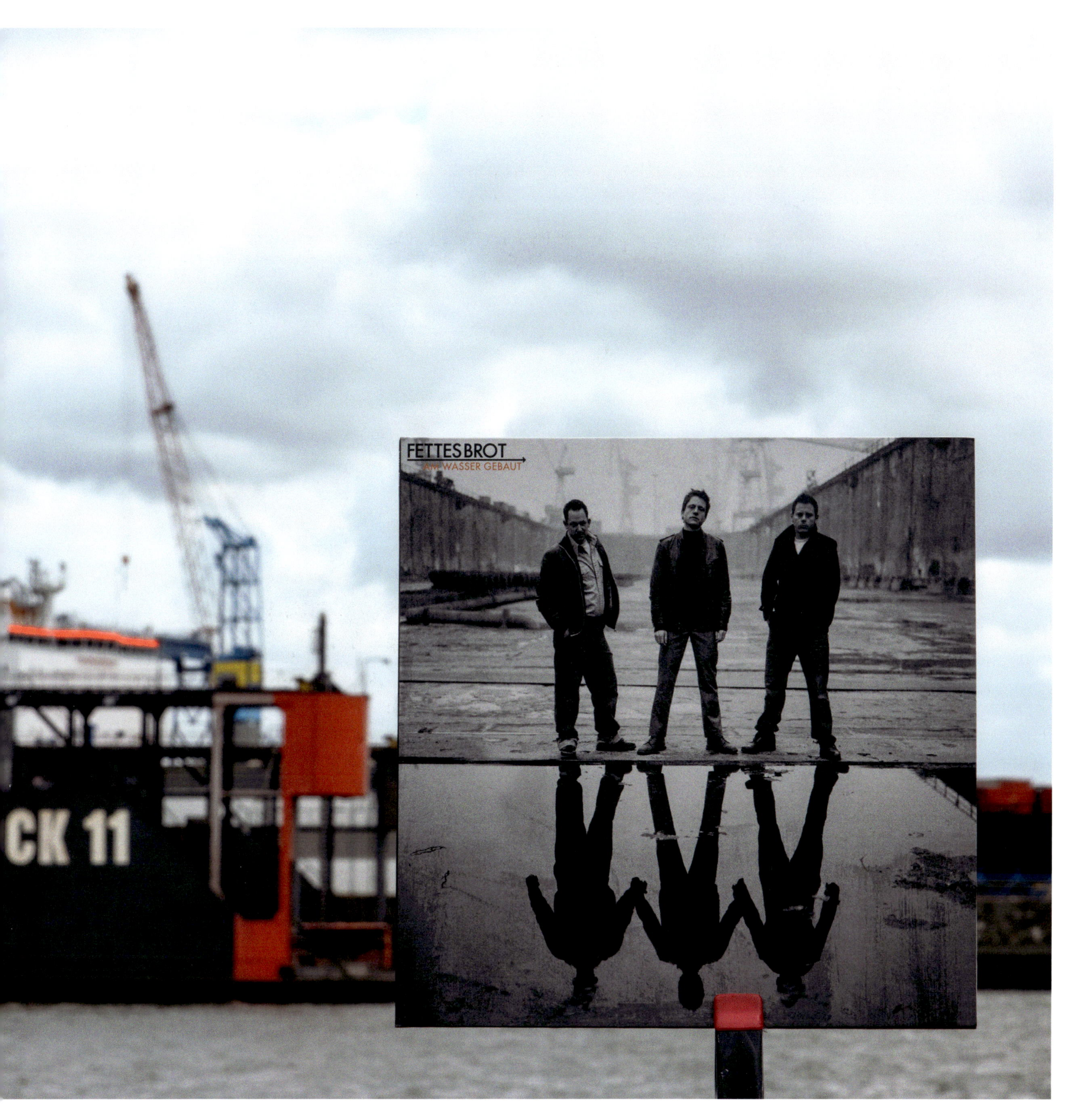
FETTES BROT
AM WASSER GEBAUT
CK 11

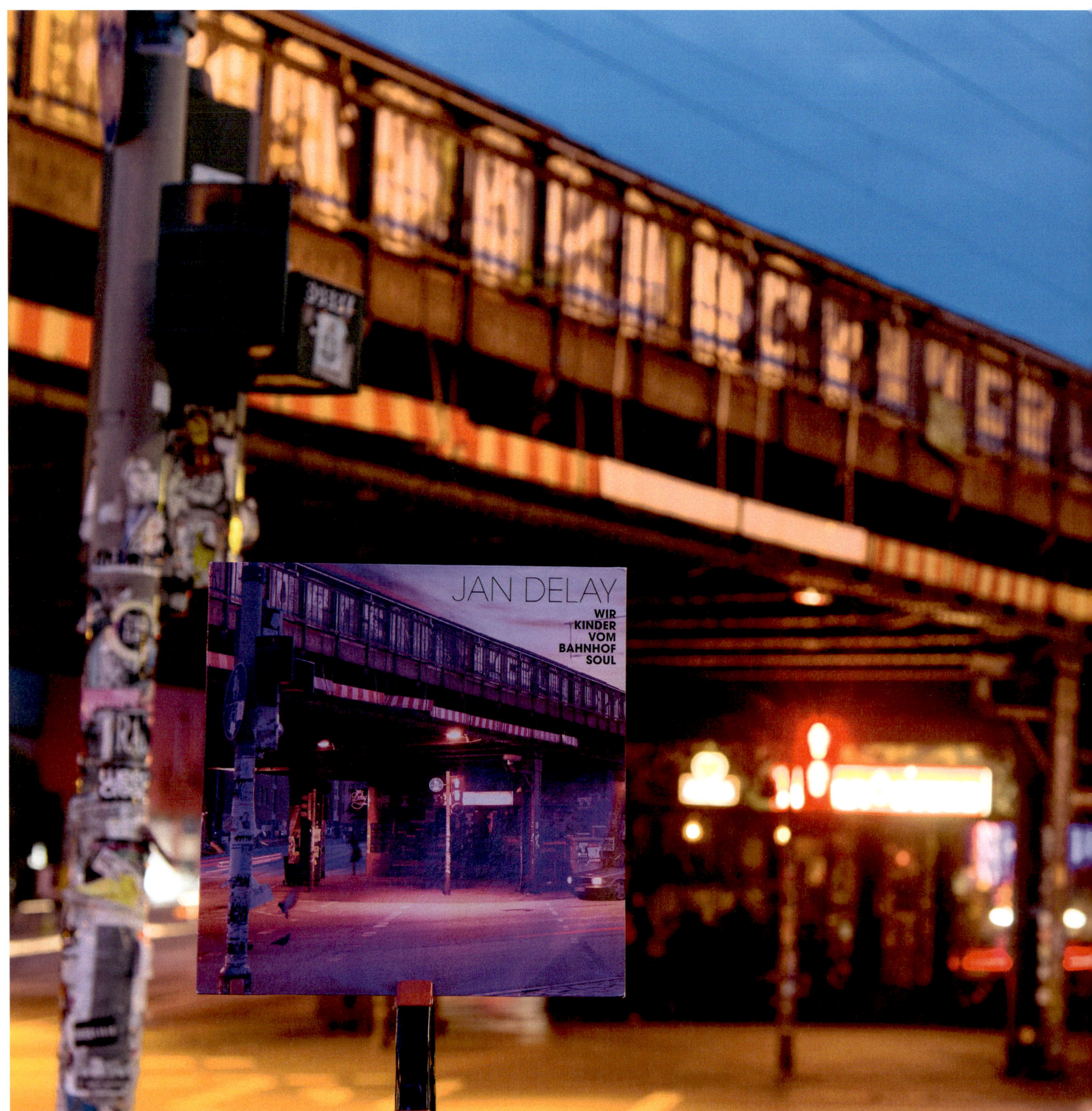
JAN DELAY
WIR
KINDER
VOM
BAHNHOF
SOUL

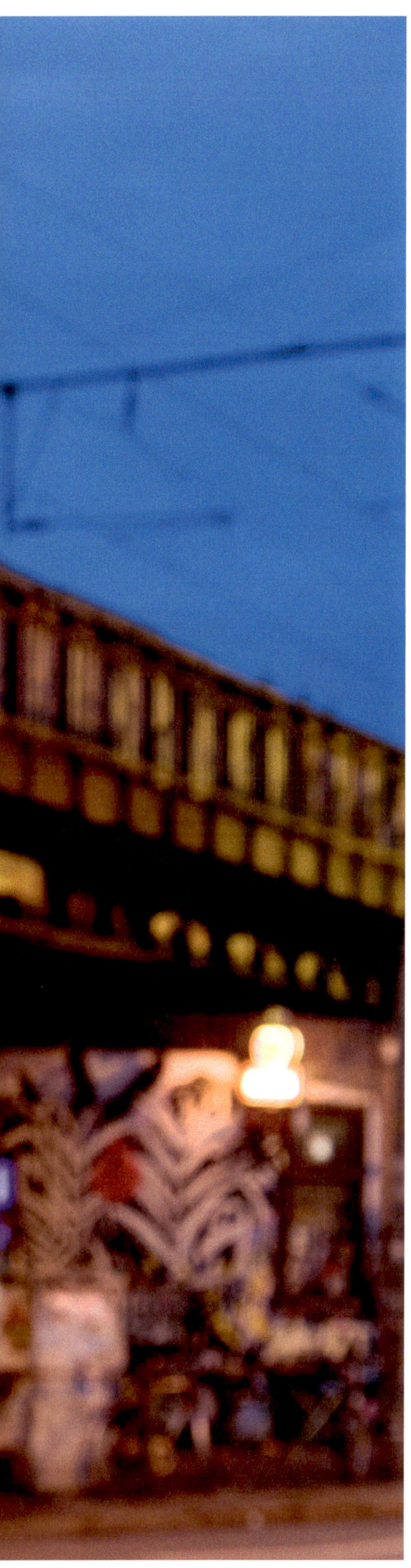

JAN DELAY
WIR KINDER VOM BAHNHOF SOUL

Die Sternbrücke, unter der Jan Delay manch lange Nacht verbrachte, steht vor dem Aus. Schon seit 2005 plant die Bahn eine radikale Modernisierung der Brücke und der angrenzenden Gebäude.

Natürlich ist es an der Sternbrücke immer laut. Immer! Morgens! Mittags! Abends! Es dröhnt, scheppert, kracht, trötet, rumst und donnert eigentlich nonstop. Höllisch laut ist es am Tag, eine Spur weniger infernalisch in der Nacht. Es heulen, wummern und brummen Motoren, schrille Hupkonzerte ertönen, und dazu rattern beständig die Züge über die Brücke. Die Gegend um die Sternbrücke ist also eher kein idealer Platz zum Wohnen, aber ein wunderbarer Ort für lange laute Nächte der besonderen Art. Denn nach Einbruch der Dunkelheit mischen sich neue Geräusche in diese Kakophonie der Großstadt: Bässe wummern aus dem Techno Club Waagenbau, und verzerrte Gitarrenklänge wehen aus der Astra Stube durch die Finsternis. Die Sternbrücke ist deshalb auch ein Ort, den viele Menschen mit Erinnerungen an lange Nächte verbinden.

Auch der Hamburger Musiker Jan Delay hat wohl gute Erinnerungen an diesen Ort. In »den Nächten« sei man dort unterwegs gewesen und habe insbesondere die »Stimmung und das Licht im Morgengrauen« genossen, lässt sein Manager Matthias Arfmann ausrichten. In den frühen Morgenstunden ist deshalb auch das Cover für Delays Album »Wir Kinder vom Bahnhof Soul« entstanden. Offensichtlich liegt der Charme dieses seltsamen Ortes eben auch darin, dass es dort eigentlich furchtbar ist, ein Schmuddel-Biotop, unaufgeräumt und undesigned. Und eine der letzten zentralen Ecken in Hamburg, die noch nicht für die rundum propere Stadt aufpoliert wurden, was auch dazu führte, dass es dort immer noch bezahlbar war. Die kreuz und quer hingewürfelten Kioske und Imbisse bieten entsprechend günstigen Treibstoff für Nachtmenschen.

2009

Von der sogenannten »Szene« entdeckt wurde die Gegend um die Sternbrücke in den Neunzigerjahren. Seitdem wurde sie in Comics abgebildet oder war in Fatih Akins Film »Soul Kitchen« zu sehen. Und dann eben auf der Plattenhülle von Jan Delay.

Die »Sternbrücke« verdankt ihren Namen nicht ihrer Form, sondern der Führung der Straßen, die hier zusammenlaufen, insbesondere die Max-Brauer-Allee, die hier die vierspurige Stresemannstraße kreuzt. Mehr als fünfzigtausend Autos schieben sich täglich über diese Kreuzung. Darüber rattern im selben Zeitraum Aberhunderte Fernzüge und S-Bahnen. Mehr Verkehr geht kaum. Dabei hatte es eigentlich ruhig und beschaulich angefangen, als dort Mitte des 19. Jahrhunderts eine »Allee« angelegt wurde, aus der dann die Max-Brauer-Allee wurde, die den »Lammerskamp« kreuzte, der sich dann in die Stresemannstraße verwandelte. Damals waren dort noch Felder, auf denen tatsächlich Pferde grasten. Lange her. Die Sternbrücke kam dann mit der explosionsartig wachsenden Stadt zum Ende des 19. Jahrhunderts in diese Idylle. Als der Verkehr in den Zwanzigerjahren immer mehr zunahm und das mit Benzinmotor betriebene Automobil sich zunehmender Beliebtheit erfreute, wurden die Brücke und die darunterliegenden Gebäude so stabilisiert, dass sie bis in dieses Jahrtausend hinein der Belastung standgehalten haben. Verrußt und verrottet tragen sie nun schon lange die Belastungen der modernen Zeiten.

Von der sogenannten »Szene« entdeckt wurde die Gegend um die Sternbrücke in den Neunzigerjahren. Seitdem wurde sie in Comics abgebildet oder war in Fatih Akins Film »Soul Kitchen« zu sehen. Und dann eben auf der Plattenhülle von Jan Delay. Das alles ging natürlich einher mit dem Aufstieg der Schanze zum Szeneviertel. Das lange auch eher runtergerockte Schulterblatt erlebte in diesen Jahren einen rasanten Zustrom junger, amüsierwilliger und betuchter Menschen. Die lange vor sich hin rottenden Altbauten wurden zackig auf Hochglanz renoviert und die Mieten vervielfacht: Es flohen die einkommensarmen Tagträumer und die Malocher, es kamen Werbetexter, Medienmenschen und Erben. Die Rumpelräume, die lange Plattenläden und Indie-Clubs eine Heimat geboten hatten, wurden von glutenfreien Coffee-Shops und Boutiquen übernommen.

Und wie es in solchen Fällen üblich ist, zogen die Leute, die mehr Ideen als Geld haben, eben weiter und kamen dann zwangsläufig auch unter der Sternbrücke an. Bei allem Getöse dort ist die Lage natürlich fabelhaft, eine zentrale Schnittstelle zwischen Schanze, Kiez und Ottensen. So fanden bei der Sternbrücke auch verschiedenste Szeneläden eine Heimat: das Fundbureau (wo die Bundesbahn einst tatsächlich den verlorenen Klimbim ihrer Gäste versteigern ließ), und auch die Astra Stube, die frontal, mit unkenntlich gemachtem Namen, das Cover von Jan Delays »Wir Kinder vom Bahnhof Soul« ziert, ist einer dieser Läden, die in halbwegs zentralen Lagen weit und breit vom Aussterben bedroht sind. Ein winziger Raum mit Mikro-Bühne und kleinem Tresen, in dem alles aussah, als wenn es klebt. Und auf die Toilette wagte man sich nur, wenn die Verzweiflung wirklich groß war. Kurzum: Ein Paradies, denn es sind diese Orte, die Debütanten und experimentierfreudigen Musikern eine Bühne bieten. Auch Bands aus aller Welt, bei denen klar war, dass sie nur eine überschaubare Menge an Menschen anziehen würden, fanden hier Platz. Entsprechend unkonventionell war oft die Herangehensweise der Macher. Als mal die US-Art-Pop-Band *The American Analog Set* in der Astra Stube gastierte und deutlich mehr Menschen anlockte als erwartet, wurde flugs eine zweite Show um Mitternacht anberaumt. Eine Aktion, die in der Elphi eher nicht zu erwarten ist.

Im Waagenbau, bei der Astra Stube um die Ecke, einer ehemaligen Montagehalle für – Überraschung – Züge, die zum Technoclub umfunktioniert wurde, ließen seit 2003 die großen Helden der Branche die Bässe donnern: Andrea Parker, Trentemoeller, Paul Kalkbrenner, Matias

Aguayo, Jeff Mills und viele, viele mehr. Wer schon mal an der Max-Brauer-Allee gegenüber vom Waagenbau-Eingang vormittags im Stau gestanden hat, wird vielleicht die glücklich verstrahlten Menschen bestaunt haben, die dort vor dem Laden nach Luft schnappten. Auch Jan Delay dürfte dort so manche Nacht vertanzt haben.

Der als Jan Philipp Eißfeldt 1976 in Hamburg-Eppendorf geborene Musiker wuchs in einem besetzten Haus auf, machte am schnieken Helene-Lange-Gymnasium sein Abitur und legte dann Mitte der Neunziger mit den *Beginnern* (Anfangs noch *Absolute Beginner*) los. Dem bekennenden Udo-Lindenberg-Fan gelang nicht nur eine kommerziell spektakulär erfolgreiche Karriere, sondern auch der Scoop, mit seiner näselnden Stimme und vor allem seinem gepflegten Hamburger Slang im deutschsprachigen Raum ein großes Publikum zu euphorisieren. Als Solist jonglierte der Hutträger nicht nur mit allerlei Pseudonymen, sondern auch mit Genres wie Reggae, Funk und Rock. Als DJ Flashdance hat er außerdem immer wieder kleine Clubs wie den Waagenbau aufgemischt.

Die Sternbrücke, unter der Delay mit seinen Kumpels manche lange Nacht verbrachte, steht – allerdings schon seit langer Zeit – vor dem Aus. Seit 2005 plant die Bahn eine radikale Modernisierung des Areals, also der Brücke und der angrenzenden Gebäude, die wohl weichen sollen. Fest steht nur, dass über diese Pläne schon ewig heftig gezankt und debattiert wird. Aber wie meistens in solchen Angelegenheiten wird sich die Bahn, wenn kein Wunder geschieht, am Ende durchsetzen.

Wenn dann eines Tages alles über die Bühne gegangen ist und die ganze Gegend um die Sternbrücke vom restlichen Hamburg nicht mehr zu unterscheiden ist, wird der Lärm wohl nicht viel geringer sein als heute, aber der »Soul« ist dann für immer verschwunden.

JAN DELAY
WIR KINDER VOM BAHNHOF SOUL

Buback Records, 2009
Discogs Durchschnittspreis: € 18,00
Foto: Gulliver Theis
Design: Felix Schlüter
Location: Max-Brauer-Allee, Stresemannstraße, Hamburg-Sternschanze

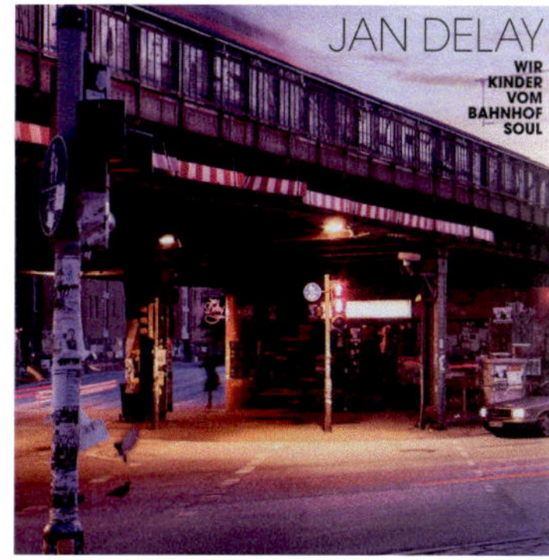

2010

SCHOOL OF ZUVERSICHT
RANDNOTIZEN FROM IDIOT TOWN

Nach dem Zweiten Weltkrieg waren in London so viele Menschen obdachlos geworden, dass rund um die Metropole in Windeseile sogenannte »New Towns« aus dem Boden gestampft wurden: seltsam futuristische Beton-Ensembles, die wie gestrandete UFOs aussahen. Eines davon war Basildon, der Ort, an dem die Musiker von *Depeche Mode* aufgewachsen sind. Ob diese seltsame Umgebung vielleicht die unterkühlte synthetische Musik der Briten beeinflusst haben könnte, darüber wurde sogar schon ein schlaues Buch geschrieben. Überhaupt ist bereits ausgiebig darüber nachgedacht und geforscht worden, wie ein Leben in solch künstlicher Umgebung sich auf die Seele und auch die Kreativität auswirkt. Hamburg hat ebenfalls viele hässliche Betonklötze zu bieten, die jemand über das ganze Stadtgebiet ausgewürfelt zu haben scheint – so wie die Plattenbau-Großsiedlungen Osdorfer Born, Steilshoop und Mümmelmannsberg. Geballtes Wohnen auf engstem Raum, für das sich Menschen heute eher nicht freiwillig entscheiden. Unter den »Persönlichkeiten«, die in solcher Umgebung groß geworden sind, listet Wikipedia vor allem Fußballer und Rapper. In Bahrenfeld, dem Pufferstadtteil zwischen den Elbvororten und den citynahen Stadtteilen, stehen die Betonkästen, die auf dem Cover von »Randnotizen from Idiot Town« zu sehen sind. Hinter *School Of Zuversicht,* die die verschnörkelte, selbstverständlich elektronische Musik dazu produzierten, stecken DJ Patex und allerlei Menschen aus dem Umfeld des Pudel Clubs. Ob die aber wirklich jemals in so einem Kasten wohnen mussten, bleibt ihr Geheimnis.

SCHOOL OF ZUVERSICHT
RANDNOTIZEN FROM IDIOT TOWN

Pingipung, 2010
Discogs Durchschnittspreis: € 12,50
Foto: Alex Solman
Design: Cialex/Alex Solman
Location: Sibeliusstraße, Bahrenfeld

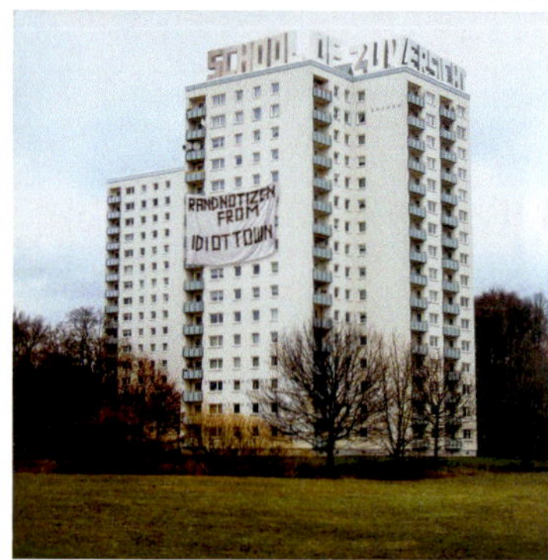

Betonkästen in Bahrenfeld – ob das Typo-Arrangement auf dem Dach und an der Fassade echt ist oder mit Photoshop ins Bild geraten ist, bleibt ein Geheimnis von Fotograf und Gestaltern.

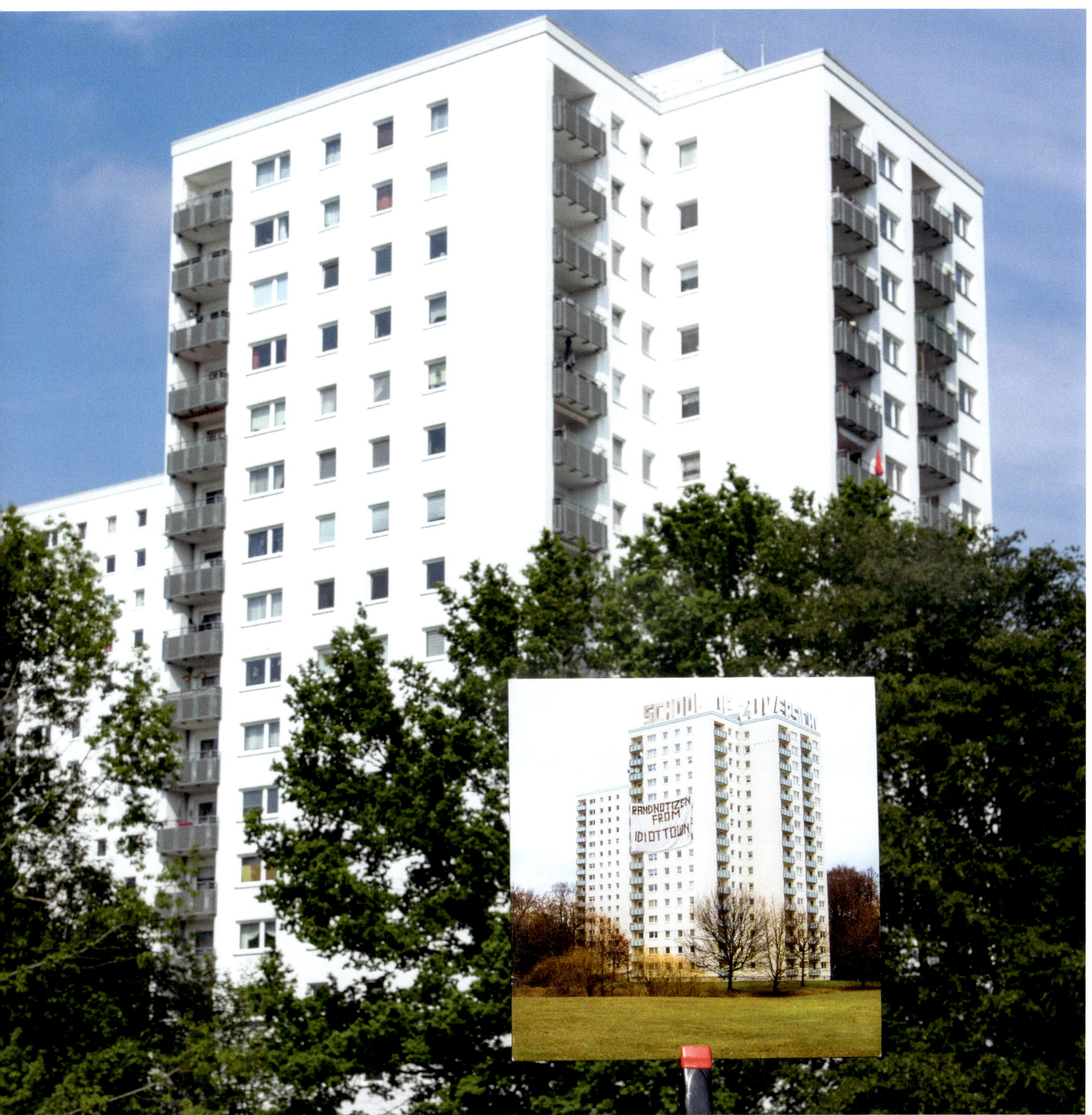
RANDNOTIZEN
FROM
IDIOTTOWN

2011

DIE PROFIS AKA DJ MIRKO MACHINE & SPAM **ZEITEN ÄNDERN DICH NICHT IMMER**

Der Zank darüber, ob Graffiti nun Kunst oder Vandalismus sind, ist steinalt und immer wieder aktuell. Auch in Hamburg. Der Drang der Menschen, für die erhoffte Ewigkeit Zeichen auf Wänden und Gegenständen zu hinterlassen, ist so alt wie die Menschheit selbst. Allerdings gilt das Gekrakel der Urmenschen in kühlen Höhlen als Weltkulturerbe, das Gesprühte nachgewachsener Generationen wird dagegen strafrechtlich verfolgt. Natürlich können sich die Sprayer auch auf Wänden, Briefkästen oder Telefonzellen verewigen, aber Züge sind nun mal die Königsdisziplin. Mehr als 1200 Wagen werden jedes Jahr in Hamburg besprüht: Illegal ist es immer, Kunst manchmal. Allerdings ist es auch riskanter geworden, Züge zu besprühen, denn die Bahn hat ihre Sicherheitsvorkehrungen in den vergangenen Jahren deutlich erhöht. Schuld an allem ist aber auf jeden Fall der Hip-Hop. Via New York verbreitete sich das Sprayen als essenzielle Hip-Hop-Disziplin über die ganze Welt und ist seit Langem auch in Hamburg angekommen, wo bemalte S- und U-Bahnen zum Stadtbild gehören. So wie der Zug, der auf dem Cover der zwei Hip-Hop-Veteranen Mirko Machine und Spax über die Alster rattert. Vor einigen Jahren haben Unbekannte mal die Türen einer Hamburger S-Bahn mit Ziegelsteinen und Zement zugemauert. Darüber, ob das nun Kunst oder Krawall war, wird immer noch gestritten.

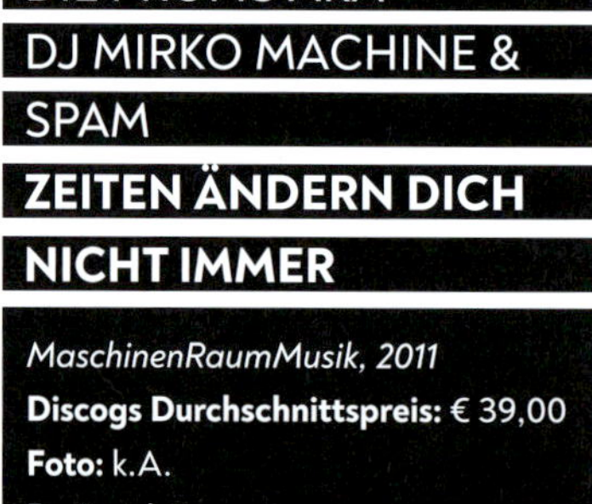

DIE PROFIS AKA
DJ MIRKO MACHINE &
SPAM
ZEITEN ÄNDERN DICH NICHT IMMER

MaschinenRaumMusik, 2011
Discogs Durchschnittspreis: € 39,00
Foto: k.A.
Design: k.A.
Location: Lombardsbrücke, Hamburg-Mitte

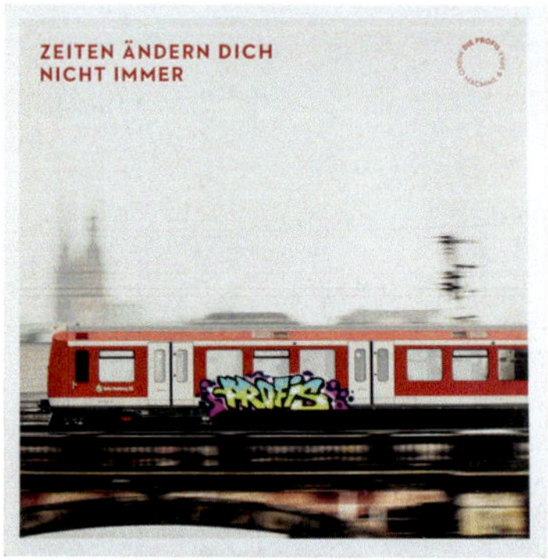

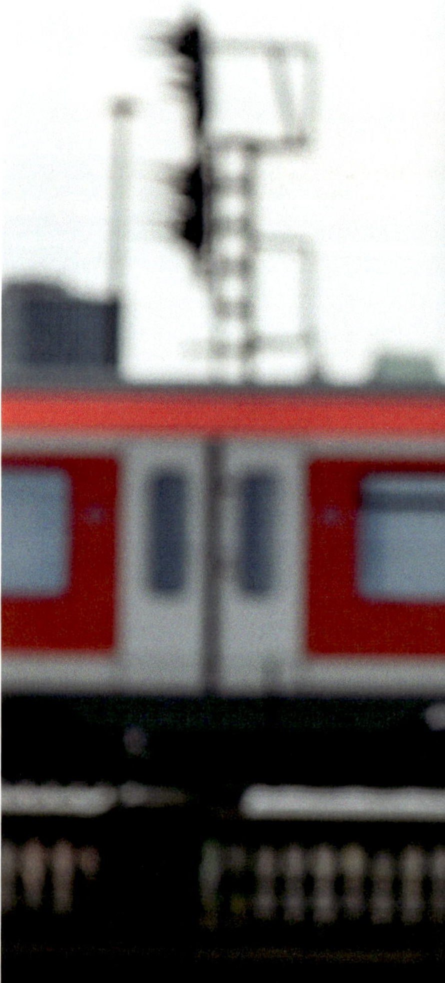

Sprayen auf U- und S-Bahnen gehört als Hip-Hop-Disziplin schon lange zum Hamburger Stadtbild. Hier verewigte sich der Sprayer für das Cover mit dem Schriftzug »Profis«.

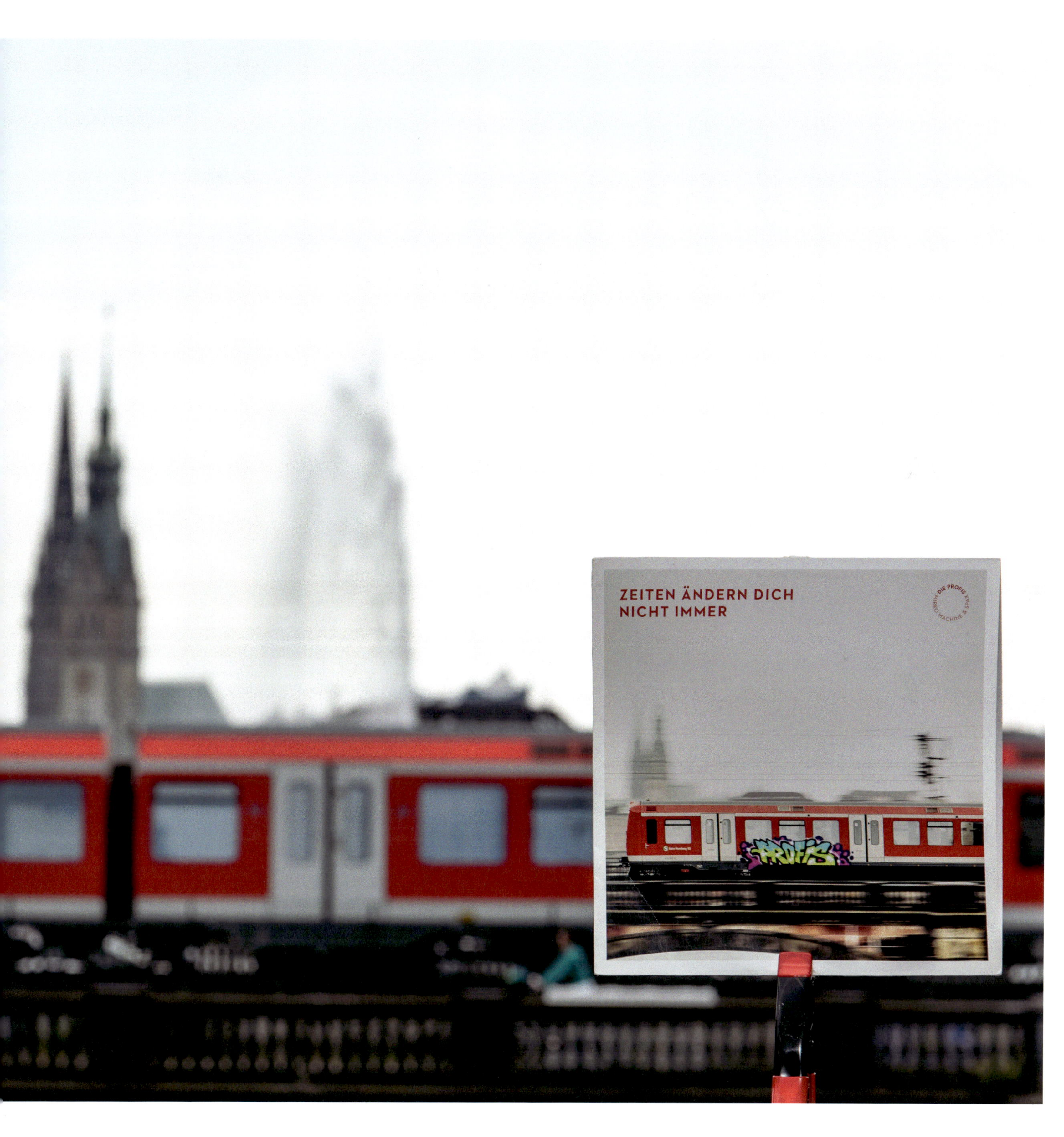
ZEITEN ÄNDERN DICH
NICHT IMMER
DIE PROFIS
MIRKO MACHINE & SPAX
PROFIS

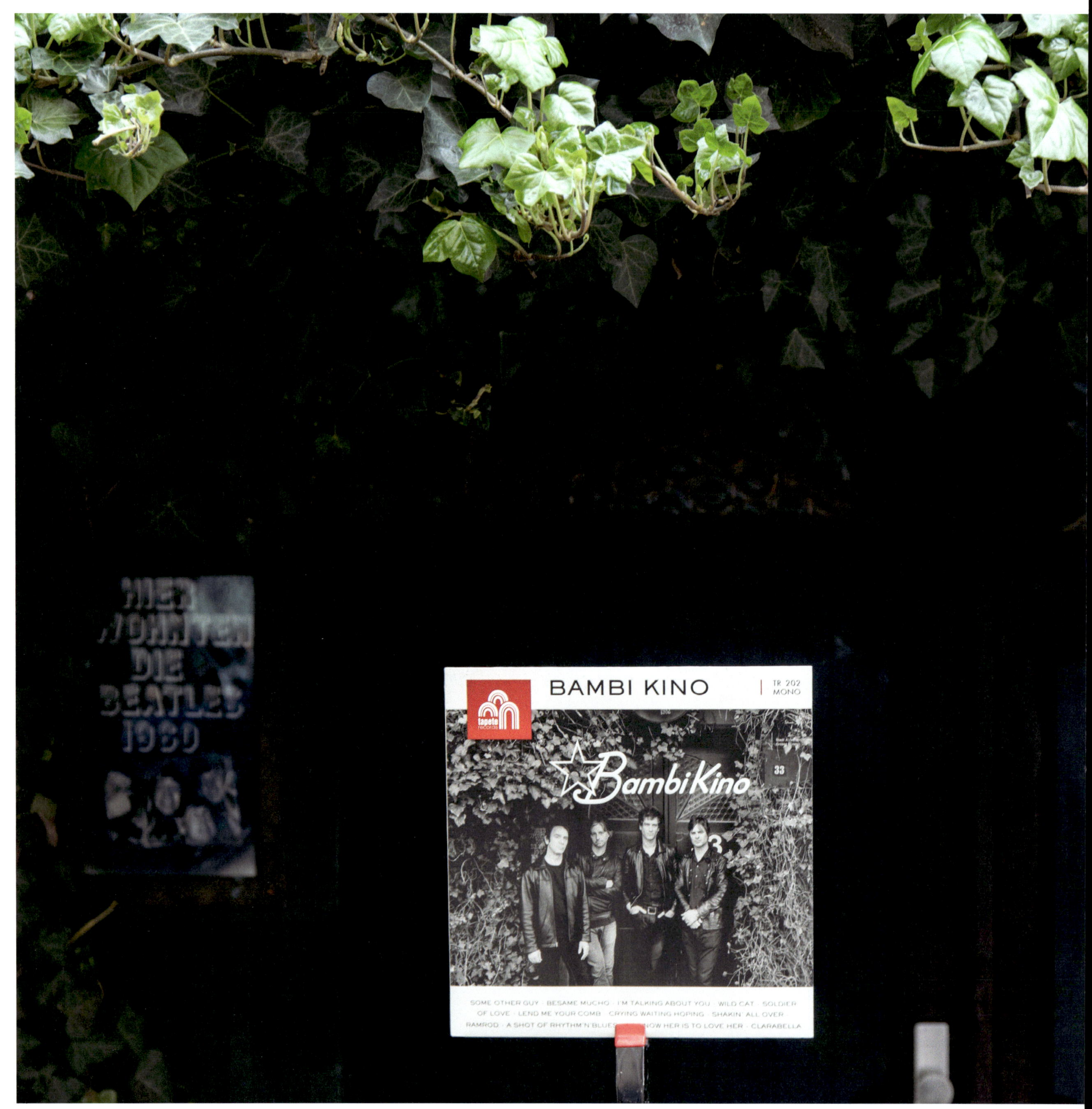

BAMBI KINO
TR 202
MONO
tapete records
Bambi Kino
SOME OTHER GUY · BESAME MUCHO · I'M TALKING ABOUT YOU · WILD CAT · SOLDIER
OF LOVE · LEND ME YOUR COMB · CRYING WAITING HOPING · SHAKIN' ALL OVER ·
RAMROD · A SHOT OF RHYTHM'N'BLUES
NOW HER IS TO LOVE HER · CLARABELLA

Das Luna Kino hieß ab 1960 »Bambi Kino« und wurde erst später berühmt, weil in den runtergerockten Räumen hinter der Leinwand einst ein paar Bübchen aus Liverpool schliefen.

2011

BAMBI KINO
BAMBI KINO

Eigentlich hieß der Laden, der 1959 in der Paul-Roosen-Straße 33 eröffnet wurde, »Luna Kino«. Dann taufte der Eigentümer Bruno Koschmider sein Etablissement in »Bambi Kino« um. Damals, 1960, brachte er in den runtergerockten Räumen hinter der Leinwand ein paar Bübchen aus Liverpool unter, die sich *The Beatles* nannten und in seinen anderen St.-Pauli-Läden Indra und Kaiserkeller das Publikum unterhalten sollten. Diese Geburt einer Weltkarriere fasziniert bis heute Generationen von nachgewachsenen Musikern. Als sich 2010 der Einzug der *Beatles* ins Bambi Kino zum fünfzigsten Mal jährte, beschlossen ein paar junge amerikanische Indierocker, die sonst mit Bands wie *Nada Surf* oder *Guided By Voices* unterwegs sind, zur Feier des ein halbes Jahrhundert zurückliegenden Ereignisses ein Bandprojekt namens *Bambi Kino* zu starten. Eine Art Tribute-Band, allerdings ohne lustige Sixties-Perücken oder McCartney- und Lennon-Rollenspiele. Stattdessen führten *Bambi Kino* das Repertoire an Songs auf, mit dem die *Beatles* einst ihre ersten Nächte in Hamburg absolviert hatten. Coverversionen, die die *Beatles* nachweislich aufgeführt hatten, aber nie auf Platte verewigten. Mit diesem Programm traten die Amerikaner im Indra Club auf und spielten bis zu vier Sets an Songs, so wie einst die *Beatles* an gleicher Stelle. Was sich manchmal bis zu vier Stunden lang hinzog. Zur Krönung der Geschichtsstunde produzierten *Bambi Kino* noch ein Album mit den *Beatles*-Oldies, von dem dieses von Altmeister Günter Zint in der Paul-Roosen-Straße fotografierte Cover stammt. Nur das echte Bambi Kino gibt es schon lange nicht mehr. Heute steht an gleicher Stelle ein Apartmenthaus. Davon, dass dort hin und wieder *Beatles*-Songs laufen, ist auszugehen.

BAMBI KINO

BAMBI KINO

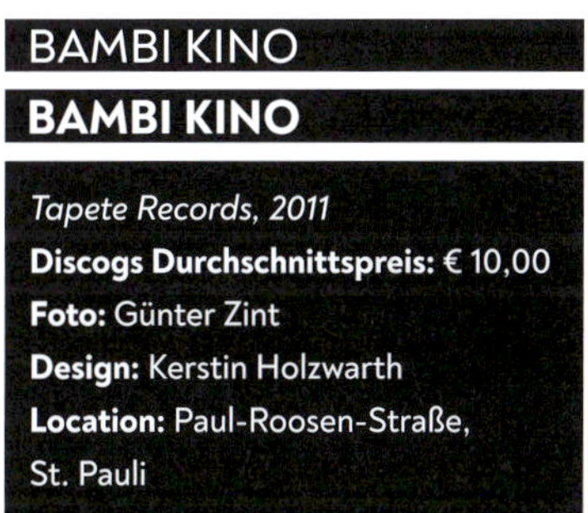

Tapete Records, 2011
Discogs Durchschnittspreis: € 10,00
Foto: Günter Zint
Design: Kerstin Holzwarth
Location: Paul-Roosen-Straße, St. Pauli

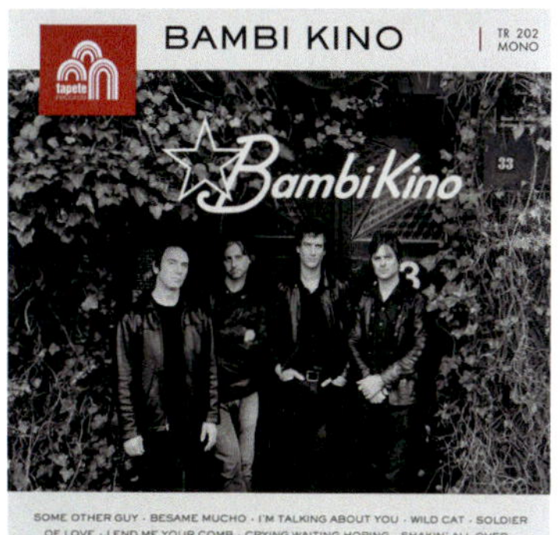

2011

ANDREAS DORAU
TODESMELODIEN

Andreas Dorau war sechzehn, als er 1981 überraschend einen Volltreffer landete. Er hatte zuvor Gitarrenunterricht bei Holger Hiller von *Palais Schaumburg* gehabt, ein paar seltsame Singles veröffentlicht und produzierte dann im Rahmen eines Schulprojekts mit Mitschülerinnen, den *Marinas,* die Nummer »Fred vom Jupiter«. Dass der Song ein großer Hit wurde und sogar in England für Wirbel sorgte, irritierte den Hamburger allerdings, denn mit der damals angesagten Neuen Deutschen Welle wollte er eigentlich nichts am Hut haben. Vermutlich auch weil es ihm gelang, den Hit, den er bis heute nur in Ausnahmefällen bei Konzerten aufführt, auf Abstand zu halten, wird er noch immer als Produzent erfrischend wundersamer Musik respektiert. So beschloss Dorau 2011, das Album »Todesmelodien« über letzte Momente prominenter Musiker zu inszenieren. Im Kopf hatte er Tote wie Joe Meek, Alexandra und John Lennon. Für die Produktion des Albumcovers wäre er gerne nach New York City gereist, wo der Ex-Beatle 1980 von einem Irren vor seiner Haustür am Dakota Building erschossen wurde. Aus Kostengründen blieb der Künstler allerdings in Hamburg. Das Coverfoto wurde stattdessen am Eingang des Gerichtsgebäudes an der Glacischaussee aufgenommen, weil das Eisentor dort an den Eingang des Dakota Building erinnert. In der Hand hält Dorau ein Buch von J.D. Salinger und ein Album von Lennon, so wie einst der Attentäter. Zum Glück macht Dorau immer noch Platten.

ANDREAS DORAU
TODESMELODIEN

Staatsakt, 2011
Discogs Durchschnittspreis: € 20,00
Foto: Alex Solman
Design: Alex Solman
Location: Amtsgericht, Glacischaussee, Neustadt

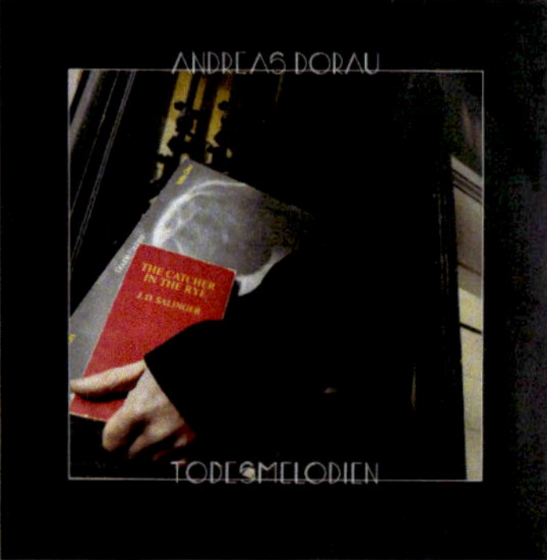

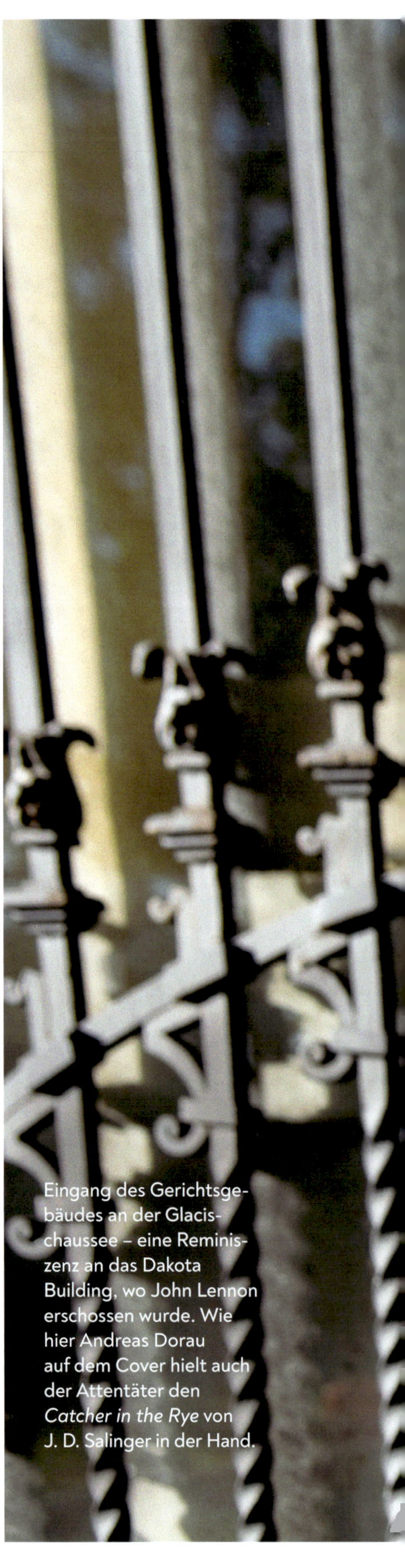

Eingang des Gerichtsgebäudes an der Glacischaussee – eine Reminiszenz an das Dakota Building, wo John Lennon erschossen wurde. Wie hier Andreas Dorau auf dem Cover hielt auch der Attentäter den *Catcher in the Rye* von J. D. Salinger in der Hand.

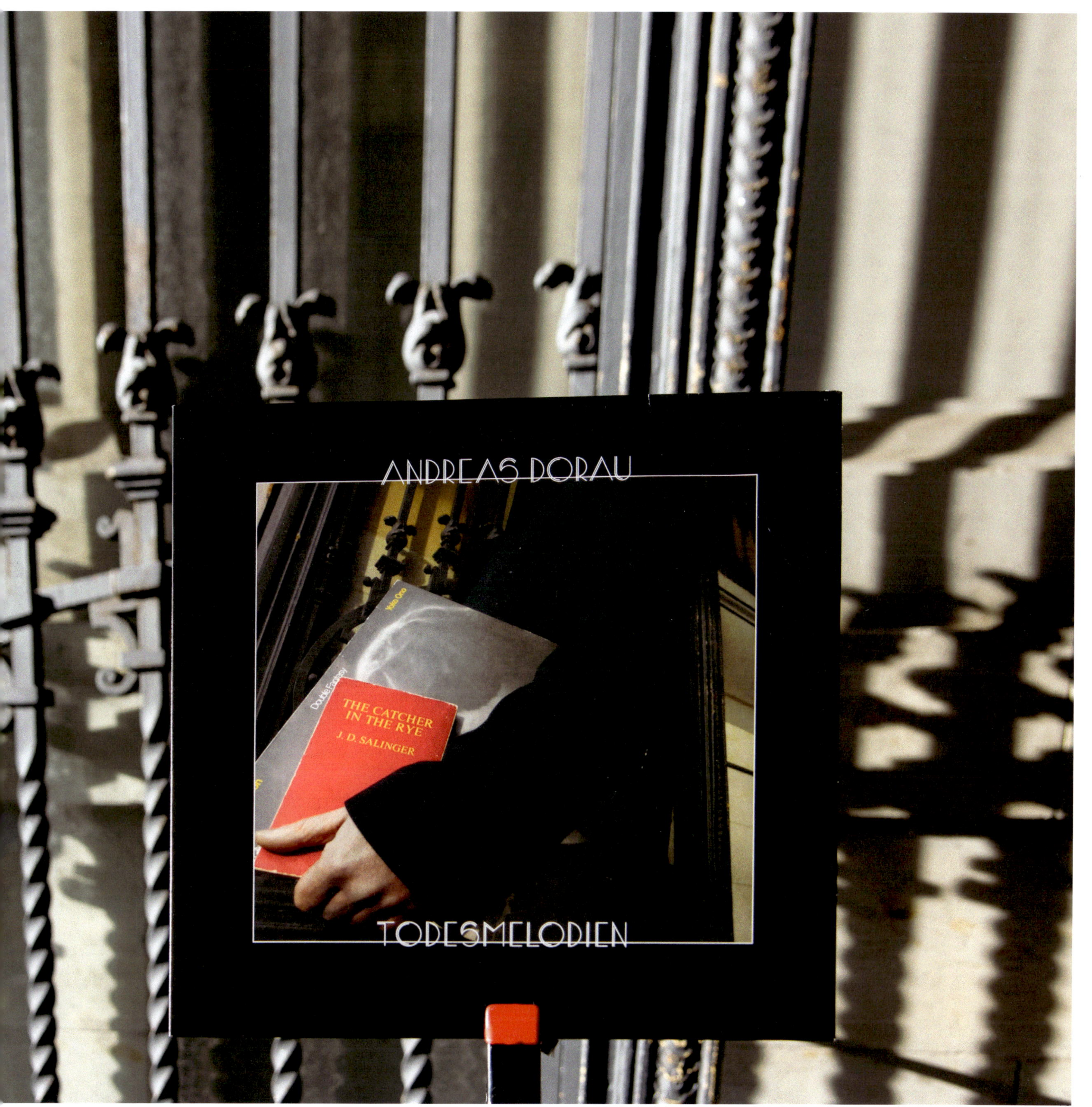
ANDREAS DORAU
THE CATCHER IN THE RYE
J. D. SALINGER
Double Fantasy
TODESMELODIEN

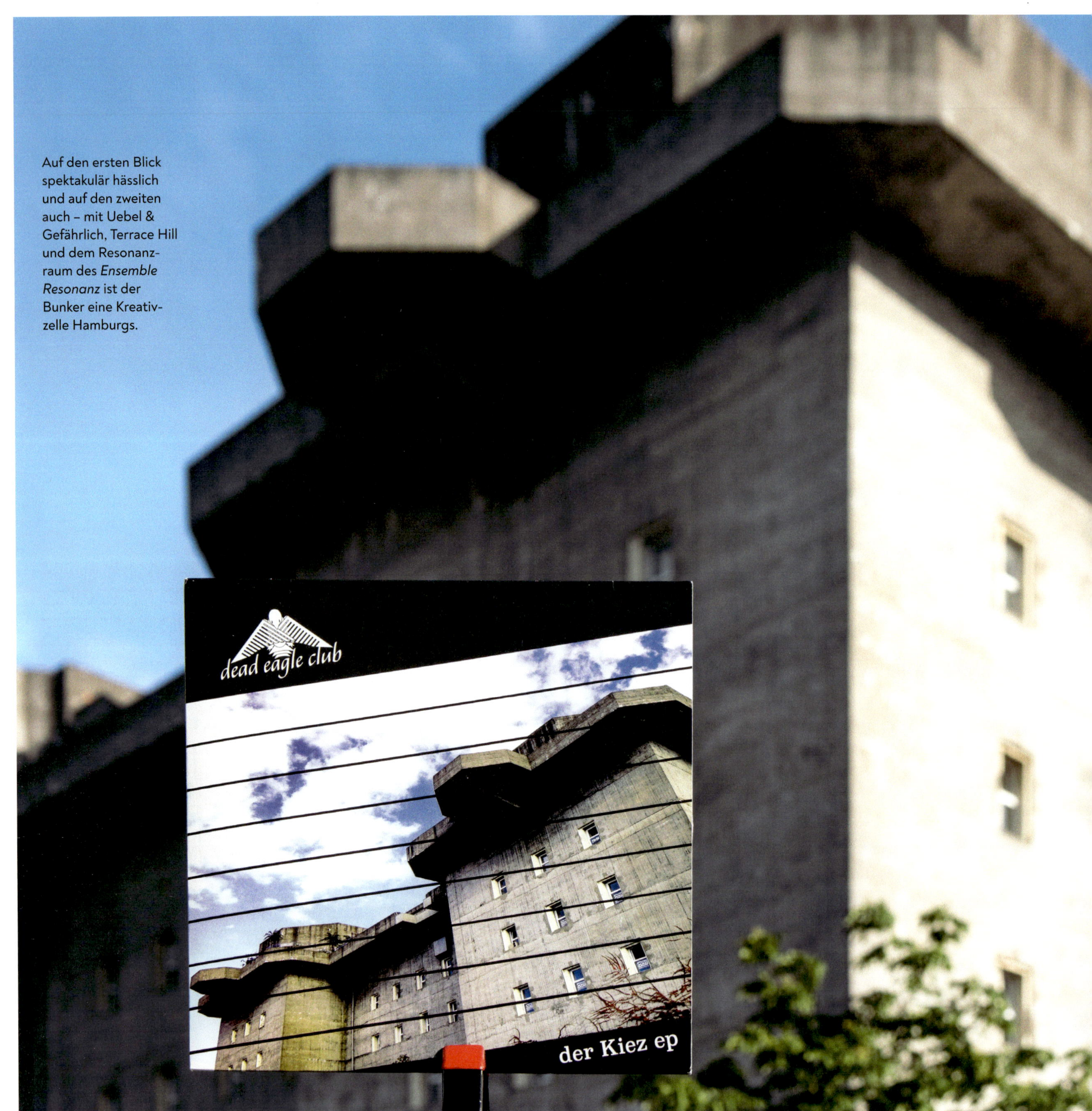

Auf den ersten Blick spektakulär hässlich und auf den zweiten auch – mit Uebel & Gefährlich, Terrace Hill und dem Resonanzraum des *Ensemble Resonanz* ist der Bunker eine Kreativzelle Hamburgs.

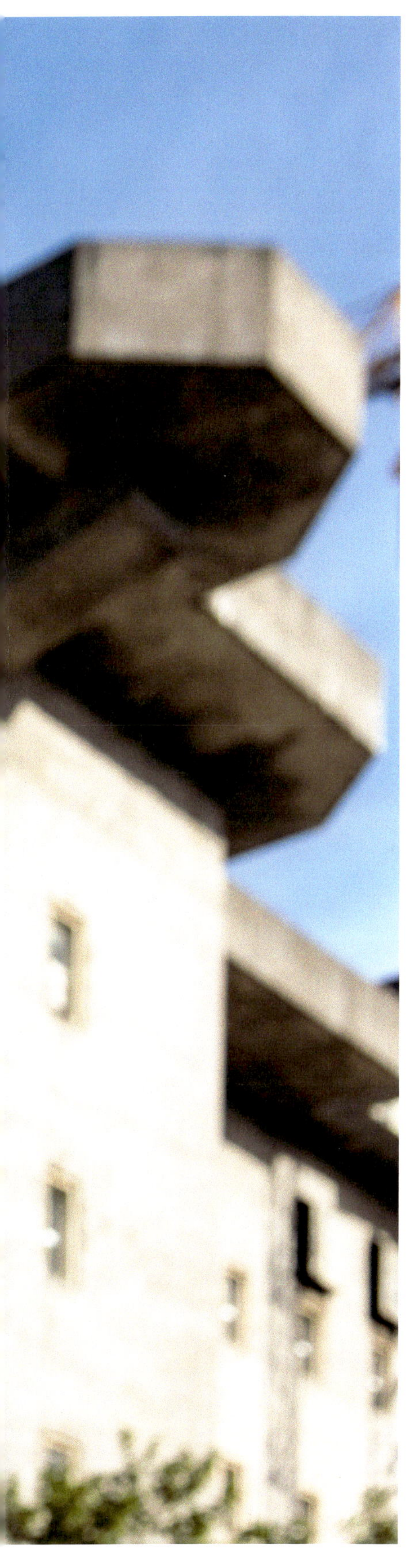

2016

DEAD EAGLE CLUB
DER KIEZ EP

Auf den ersten Blick ist der Bunker an der Feldstraße spektakulär hässlich. Auf den zweiten Blick auch. Ein groteskes Monster in Beton. Dennoch ist es toll, dass der Bunker noch da ist, denn der graue Megaklotz sorgt auch dafür, dass die finsteren Jahre, in denen er entstand, nicht in Vergessenheit geraten. Als der Zweite Weltkrieg 1942 auch über Hamburg mit voller Wucht hereinbrach, wurden auf St. Pauli und in Wilhelmsburg von Zwangsarbeitern zwei gigantische Bunker zum Schutz der Bevölkerung errichtet. Als der ganze Spuk endlich vorüber war, wurde der Klotz in Wilhelmsburg gesprengt. Der Feldstraßen-Bunker blieb stehen, weil die Wucht der benötigten Explosion so massiv gewesen wäre, dass es auch die Wohnhäuser der näheren Umgebung erwischt hätte. Was passte, weil Wohnraum knapp war. So richtete sich direkt nach dem Krieg der Axel Springer Verlag dort ein, und auch der NDR (damals NWDR) fand dort Platz. Seitdem bevölkern die sogenannten Kreativen den Kasten: Fotografen, Werber, Musiker und ähnliche Geschöpfe. Seit 2014 hat auch der Club »Uebel & Gefährlich« ziemlich weit oben im Bunker eine Heimat gefunden. Nun donnern da in vielen langen Nächten Beats und Riffs und anderes Getöse durchs historische Gemäuer. Schwer zu sagen, warum der *Dead Eagles Club* seine »der Kiez ep« mit dem Bunker schmückte. Vielleicht waren sie Stammgäste. Vielleicht haben sie da eine magische Nacht erlebt. Vielleicht aber fanden sie den Kasten auch einfach nur schön.

DEAD EAGLE CLUB
DER KIEZ EP

zx84labs, 2016
Discogs Durchschnittspreis: € 10,00
Foto: k.A.
Design: k.A.
Location: Bunker, Feldstraße, St. Pauli

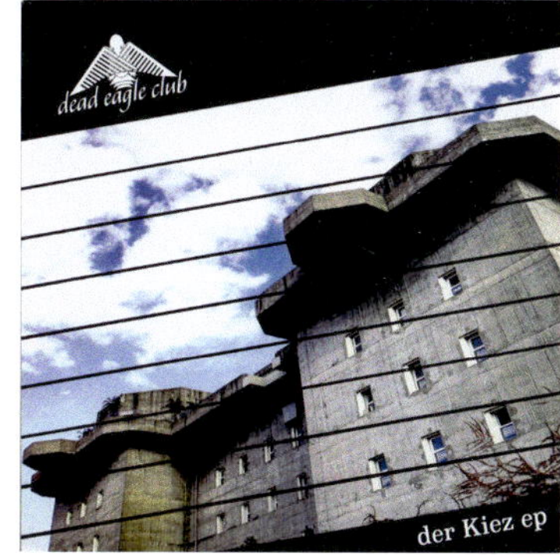

IMPRESSUM

Dieses Buch ist nicht nur eine Hommage an Hamburg, seine Musikkultur und die sehr lebendige Vinylszene der Stadt, sondern ebenso an die glorreichen Zeiten der Schallplatte mit ihren herausragend fotografierten und gestalteten Covern. Unser Dank gilt deshalb auch den vielen Machern der Plattenhüllen, von denen dieses künstlerische Fotoprojekt seinen Ausgang genommen hat.

Bernd Jonkmanns, Fotograf aus Hamburg, sammelt seit seinem dreizehnten Lebensjahr Platten, hat das Buch »Record Stores« veröffentlicht, kauft noch immer viel Vinyl und besitzt eine überschaubare Plattensammlung von 3000 LPs, in der sich etwa 65 Vinyl-Platten mit Hamburg-Cover eingenistet haben.

Christoph Dallach kaufte seine erste Langspielplatte bei Woolworth im Hamburger Vorort Rissen. Die *Abba*-Platte hat er noch, das Kaufhaus ist längst Geschichte. Er lebt als Journalist in Hamburg und schreibt für Gott und die Welt.

Besonderer Dank von Bernd und Christoph an: Matthias Arfmann, Timo Blunck, Dieter Braun, Andreas Dorau, Mary Dostal, Stefan Kassel, Andre Luth, Paul Löffler, Olaf Ott, Sylvia Saunders, Alex Solman, Günter Zint für ihre Zeit und Cover-Ideen.

Junius Verlag GmbH
Stresemannstraße 375
22761 Hamburg
www.junius-verlag.de

Art-Direktion und Layout: Katja Kleinebrecht, graphiksalon
Idee und Realisation: Bernd Jonkmanns, www.recordstoresbook.com
Druck und Bindung: Grafisches Centrum Cuno GmbH & Co. KG

Printed in Germany
1. Auflage 2019
ISBN 978-3-96060-514-0

Die Deutsche Nationalbibliothek verzeichnet diese Publikation in der Deutschen Nationalbibliografie; detaillierte bibliografische Daten sind im Internet über http://dnb.dnb.de abrufbar.